여성 글로벌 리더 **50**인의
성공 마인드

여성 글로벌 리더 **50**인의
성공 마인드

여성 글로벌 리더 **50**인의
성공 마인드

초판 인쇄 2022년 12월 11일
초판 발행 2022년 12월 15일

지은이 이영호
펴낸이 김태헌
펴낸곳 스타파이브

주소 경기도 고양시 일산서구 대산로 53
출판등록 2021년 3월 11일 제2021-000062호
전화 031-911-3416
팩스 031-911-3417
전자우편 starfive7@nate.com

* 낙장 및 파본은 교환해 드립니다.
* 본 도서는 무단으로 복제 및 전재를 법으로 금합니다.

여성 글로벌 리더 **50**인의
정공 마인드

글 **이영호**

당신의 마음창고를 비워두지 마세요.
마음을 채우세요.

글을 시작하기에 앞서 밝히자면, 세계의 파워 여성에 대해 알아보려는 생각은 패션디자이너라는 개인적 직업 때문에 만든 계획이었다. 세계의 파워 여성들은 어떤 사람들이며, 그들의 패션스타일은 누가 어떻게 할까?라는 지극히 개인적인 관심 때문이었다.

그러나 세계의 파워 여성을 조망하면서 갖게 된 느낌은 여기에 소개한 50인의 여성들, 그리고 세계 곳곳에서 지금도 성공을 일구고 있을 파워 여성들도 그렇겠지만, 어느 누구 한 명도 자신의 인생을 소홀히 대하지 않았으며, 항상 최선을 다하고 집요하게 노력했다는 공통점을 찾을수 있었다.

때로는 남성과, 때로는 같은 여성과 경쟁하면서 이들의 노력은 피눈물이 날 정도였으며, 이들은 결혼과 아이를 둔, 자신의 일과 삶에서 모두 최선을 다하는 여성들이었다.

세계적 기업의 대표에 오른 여성이 퇴근하고 집으로 오면 3명의 아이를 둔 평범한 엄마라는 건 이상한 일이 아니었다. 사회에서 일한다고 가정을 소홀히 한 여성은 거의 없었다. 오히려 자신의 삶에서 '가정(FAMILY)'을 가장 중요하게 여기는 여성들이었다.

물론 여기서 소개하는 글로벌 여성 리더들의 경력과 그들이 꺼낸 이야기 몇 구절만으로 여성의 성공 해법을 찾는다는 건 쉬운 일이 아닐지 모른다. 그러나 글로벌 무대에서 성공 여성들의 이야기를 듣다 보면 어느새 우리 가슴에 닫혀있던 문제가 풀리고, 하늘을 가렸던 구름이 걷히는 기분이 들 것이란 확신이 생겼다.

세상 사람들이 부러워하는 자리에 오른 당당한 여성들의 성공 이야기를 보면서 내가 느낀 점은 단 한 가지, 그녀들의 성공을 이끌어낸 것은 오로지 그녀들의 '마인드'가 남들과 달랐다는 점이었다.

천재적인 아이큐를 가진 여성들도 아니고, 부모를 잘 만나서 든든한 배경에 힘입어 순탄한 성공의 길을 걷게 된 여성들도 아니었다. 이들의 공통점은 자신의 인생을 자기가 개척한다는 확고한 계획과 부단한 노력이 그녀들의 꿈을 이루게 이끌었다는 점이었다. 그 모든 것들의 중심엔 '마인드'가 자리 잡고 있었음은 물론이다.

세상의 여자는 모두 같다?
그렇지 않다.

모두 다르다.

옷차림만 보더라도 세상의 여자는 모두 다르다. 청바지를 입는 나라와 청바지를 입지 못하는 나라에서 살아가는 여자도 있고, 옷차림에 자유로운 나라가 있는 반면, 옷을 입을 땐 눈만 내놓고 다른 부분은 모두 가려야 하는 엄격한 통제의 옷을 입어야 하는 나라도 있다.

가난 때문에 배우지 못하는 여성이 아니라, 여자이기 때문에 배우지 못하는 나라도 있다. 아마존 밀림에서 살아가는 여성만으로 이뤄진 사회도 있고, 일부다처제에서 한 남편을 모시고 살아가는 여러 여자들 가운데 한 명인 여자도 있다.

여자는 살아가는 방식, 살아가는 장소가 다르다.
그럴 수 있다.

그러나 솔직히 말하면,
세상의 여자는 다르지 않다.
모두 같다.

여자의 일생은 여자의 마음에 달려있다. 여자들의 삶의 방식을 결정하는 것은 여자의 '마인드'인 것이다. 각자의 마인드에 따라서 여자의 인생이 바뀐다. 여자는 스스로 생각하고 스스로 결정하는데, 자기 마인드에 따라서 방향을 결정하고 움직이는 것이다.

여자의 마인드가 여자의 인생을 결정한다.

글로벌 무대에서 활동하는 여성 리더들은 자신의 마음이 시키는 대로 일에 도전하여 성공을 이뤄냈다. 남들이 칭송하는 돈과 명예가 생기는 성공도 좋지만, 여기서 말하는 성공은 무엇 보다도 스스로가 만족하는 삶을 성취했다는 뜻이다.

이 도서를 읽는 독자들도 글로벌 리더가 된 여성 들의 삶의 궤적을 따라가다 보면 한 가지 공통된 부분을 발견할 것이다.
다른 사람들보다 넉넉하지 않은 가난한 형편이었건, 부모가 부자여서 공부를 하는데 혜택을 많이 받았건 중요하지 않았다.

세계의 지도자 위치에 오른 여성들을 살펴보더라도 가난하다면 그녀들보다 더 가난한 여성들이 많았고, 부자라면 그녀들보다 더 부자인 여성들이 많았다.

그러나 다른 사람들은 자신의 처지에서 머물거나 앞으로 나아가지 않았던 반면에 세계의 리더가 된 여성들은 자신의 위치에서 스스로 할 수 있는 역할을 찾아 끊임없이 개척하고 도전했다.

성공한 여성을 이야기할 때, 대표적인 예로 칼리 피오리나를 빼놓을 수 없다. 칼리는 1954년생으로 어린 시절 아버지를 따라서 세계 여러 곳을 여행하며 학교를 다니게 된다.

그리고, 1980년에 AT&T에 영업사원으로 입사한 이후, 10년 만에 부사장으로 승진하게 되었는데, 정부와 계약을 추진하던 중 회사 기밀사항이 경쟁회사로 알려지면서 계약이 파기되자 자신이 추진했던 사업을 포기하는 대신 정부를 상대로 소송을 걸었다.

미국 정부와 소송하는 것은 무모한 짓이라며 주위에서 만류하는 사람들이 많아지자 칼리는 이때 스스로에게 다짐했다고 한다.

"상대가 누구든 당당하게 맞서자. 자신이 옳다면 혼자라도 불리하지 않다."

그리고 결국 칼리는 소송이 진행된 지 3년 만에 정부와의 소송에서 승리하게 된다. 자신의 마인드에 따라 결정하고 행동한 결과, 다른 사람들이 무모한 짓이라며 가능성 없다고 생각한 일을 이뤄낸 것이었다.

1999년엔 자리를 옮겨 휴렛패커드社의 CEO가 된 '칼리 피오리나'는 실리콘밸리 최초의 여성 CEO로서 미국 포춘지가 선정한 미국 여성기업인 50인에서 5년 연속 1위를 차지하는 기염을 토하게 된다.

여기서 주목할 부분은 칼리 피오리나가 1954년 텍사스주 오스틴에서 출생하여 1976년 스탠퍼드대학교에서 역사와 철학을 전공하여 졸업하고, 1980년에는 메릴랜드대학교에서 MBA를 이수, 1989년에는 MIT대학교에서 다시 MBA를 이수하는 등 자신의 발전을 위해 끊임없이 멈추지 않은 노력을 이어왔다는 점이다.

1980년 25세의 나이로 AT&T 장비부문에 입사 후, 메릴랜드대학교에서 MBA를 배우며 학업과 업무를 병행했다는 사실에서 볼 수 있듯 자기 자신의 삶을 게을리하지 않았다는 뜻이다.

이제 현실로 돌아와서 살펴보자. 지금 여러분의 모습은 어떤가?

칼리 피오리나가 성공한 이유는 미국이란 나라이기 때문에?
칼리 피오리나라는 여자는 명문대학교에 다녔으니까?

그와 반대로,

나는 여자니까?
내가 여자이기 때문에?
난 결국 여자라서?

여자이기 때문에 사회에서 차별도 많이 받고, 회사에 들어가서도 못하는 일이 많다는 불평불만만 쌓고 있는가? 다시 한 번 강조하며 말하지만 중요한 건 마음 즉, 여자를 움직이는 '마인드'이다.

미국의 경우를 보자.

기업에서 여성의 임원직 진출을 가로막는 보이지 않는 장애물이란 뜻으로 유리천장(GLASS CEILING)이란 단어가 있다. 이 단어는 1970년대 미국에서 생겼다.

미국에서도 마찬가지이지만 '여자'라서 혜택을 더 주는 나라는 지구에 아직 존재하지 않는다.

어떠한 상황에서도 용기 있게 도전하는 여자의 '마인드'가 중요하다는 사실이다.

여자의 인생을 만들어주는 단 하나의 멘토 '마인드'란 무엇일까? 이를 알려면 우선 '마음창고'에 대해 알아야 한다.

여러분의 '마음'이란 창고는 열고 닫는 문이 없어서 자물쇠가 필요 없는 공간이다. 바닥에 선만 그려있는 마음창고엔 당신이 열어달라고 노크할 문도 없으며, 남에게 보이지 않으려고 세울 벽조차 없는 공개된 창고이다.

그래서 누군가 안에 채워진 것들을 훔쳐가기도 쉽고, 반면에 내가 채워 넣기도 쉽다. 여러분은 그 안에 어떤 것을 채워 넣을 것인가? 단, 반드시 알아둬야 할 것은 여러분의 마음창고 안에 무엇을 채우건 다른 사람들에게 한눈에 들킨다는 것이다.

여러분 자신의 마음창고에 가득 채워진 게 오로지 불만, 불평뿐이라면 다른 사람들도 손쉽게 그걸 보게 되고, 당신에게 중요한 일을 절대 맡기지 않는다. 불평불만이 가득한 사람은 어떤 일을 맡겨도 제대로 해낼수 없기 때문이다.

또한 여러분의 마음창고가 텅텅 비어있다면 당신 주위 사람들도 당신에게서 떨어져 나갈 것이다. 벽도 없고, 문도 없어서 자물쇠도 없는 곳, 오로지 바닥에 그려진 마음창고를 표시하는 선 하나뿐인 당신의 마인드엔 당신을 도와줄 사람들을 불러 모을 매력조차 사라졌기 때문이다.

물론 마음창고 안에 담아야 할 것은 주위의 값진 보물이나 비싼 물건이 아니다.

당신의 마음창고에 담아야 할 것은 바로 당신의 [용기 있는 마음]이다.

당신의 마음은 당신의 눈에도, 다른 사람들의 눈에도 보이지 않아서 도둑이 훔쳐갈 염려가 없지만 당신의 마음은 당신의 손과 발을 움직인다. 당신의 마음은 당신에게 값진 가치를 채워주기 때문이다.

당신의 마음창고에 채워진 마음은 바람에 날려가지도 않고, 빗물에 쓸려가지도 않는다. 불에 타지도 않는다. 마음창고엔 지붕이 없어서 당신이 채우고자 하는 마음의 양이 얼마큼이던지 간에 높고 넓게 양을 채울 수 있다.

당신의 마음창고를 비워두지 말라.

당신의 마음창고가 채워지지 않는다면 누군가 들어와서 어디 에선가 훔쳐온 물건을 쌓아두기 시작할 것이다. 아무도 없는 곳이라고 생각하고 당신의 마음창고에 들어와서 당신을 조종하려고 들 것이다.

도둑은 당신의 마음창고 자체를 이용하려고 한다는 뜻이다. 불안함, 가슴 떨림, 공포, 무서움 등을 당신의 마음창고에서 버려라. 오로지 당신의 마음창고엔 당신이 아끼는 '마음'만 가득 채워라.

당신을 도와주는 '마인드'로 당신의 마음창고를 채워야 한다.

그리고 한 가지 더.

당신이 힘을 얻는데 도움 되는 이야기가 있다. 세상의 글로벌 리더로 우뚝 선 아름다운 리더 50인의 이야기이다. 이 여성들 역시 당신 처럼 가녀리고 어린 소녀였지만 마음창고에 모으기 시작한 [마음] 덕분에 세계의 리더가 되었다.

여러분의 마음이 움직이게 하라. 마음이 움직이면 당신의 손과 발의 방향이 바뀐다. 여러분의 시야가 올바른 길로 가게 된다.

글로벌 리더가 된 여성들의 마음창고 채우는 방법을 배우자.

여자가 움직이면 세상이 움직인다. 무엇보다도 운이 좋은 점은 여러분이 바로 '여자'라는 점이다. 그리고 이 책에서 세계를 움직이는 아름다운 리더들의 꿈을 이뤄준 단 하나의 멘토 [마인드]를 만났다는 사실이다.

[일러두기]

- 본 도서에 표기한 외국어는 한글표기상의 발음 또는 최대한 원어발음에 가깝도록 표기하였습니다.

- 본 도서는 외국어 고유명사 등, 별도 해석이 불필요할 경우에 원어 그대로 표기하였습니다.

- 본 도서에 소개된 50인 글로벌 여성 리더들은 미디어, 기업 웹사이트 등에 공표된 내용을 참고하였습니다.

- 본 도서에 소개된 브랜드, 상표, 저작물, 이름 등 각 지적재산은 각 권리자의 소유입니다.

- 본 도서의 내용은 집필취지 또는 번역에 있어서 집필자의 해석의 차이가 있을 수 있습니다.

- 본 도서의 내용상 이전 사실이 수정되거나 변경된 내용은 추후 확인을 거쳐 반영되도록 노력하겠습니다.

- 본 도서에 50인의 여성 리더 소개 순서는 임의적이고 무순입니다.

"내 마음에 가장 강하게 와 닿는 일을 합니다."

멜린다 게이츠(Gates, Melinda)

1964년 8월생인 멜린다는 미국의 자선 사업가이면서 빌 게이츠(Bill Gates)의 아내로서 이름은 멜린다 앤 프렌치 게이츠(Melinda Ann French Gates)이다. 멜린다는 마이크로소프트社에 입사하여, 회사 제품인 마이크로밥, 엔카르타, 그리고 익스페디아 같은 여러 제품들의 매니저로 역임했고, 결혼과 동시에 퇴사하여 빌&멜린다 게이츠 재단의 공동설립자이자 공동위원장을 맡고 있다(빌 게이츠와 멜린다 게이츠 부부는 2021년에 이혼했으며 재단 운영도 결별할 수 있다고 알려졌다).

글로벌 여성 리더가 된 멜린다 게이츠는 텍사스 달라스에서 레이몬드 요셉 프렌치(Raymond Joseph French, Jr.)와 일레인 아그네스 에머랜드(Elaine Agnes Amerland)의 딸로 태어나서 자랐다.

어린 시절 멜린다 게이츠는 세인트 모니카 가톨릭스쿨에 다녔는데, 학업 성적이 우수해서 우등생으로 유명했고, 1992년 댈러스에 있는 우슬린 아카데미를 수석으로 졸업한 이후에는 1986년 듀크 대학에서 컴퓨터 과학 및 경제학 학사 학위를 취득했는데, 1987년 듀크 후쿠아스쿨에서 MBA를 취득했다. 멜린다는 듀크대학교 카파알파세타여학생클럽의 일원으로도 활동했다.

멜린다 게이츠는 졸업 후, 마이크로소프트社에 입사하여 다양한 멀티미디어 제품 개발에 참여하며 회사생활을 하던 중, 맨하탄에 열린 마이크로소프트社의 프레스 이벤트에서 현재의 남편인 '빌 게이츠'를 만났는데, 그로부터 만남을 이어오다가 1994년 하와이 라나이에서 결혼식을 갖고 부부의 인연이 되었다.

멜린다 게이츠는 결혼 후에 회사를 그만두고 가정에 전념했고, 빌 게이츠와의 사이에 3명의 자녀를 두었는데, 멜린다 게이츠가 회사 마이크로소프트를 그만두기 전, 마지막 직책은 정보제품 분야 본부장이었던 만큼 회사에서도 인정을 받는 인재였다.

멜린다 게이츠는 1996년부터 2003년까지 듀크대학 이사회 멤버를 역임했는데, 빌더버그그룹 이사회에 참석할 때는 워싱턴포스트의 이사 자격이기도 했다. 이후, 멜린다 게이츠는 2006년 드러그스토어닷컴(www.drugstore.com)의 이사를 끝으로, 빌&멜린다 게이츠 재단의 일만으로 바쁜 나날을 보내고 있다.

한편, 자신의 부를 사회에 공헌하는 일에도 열심인 멜린다 게이츠는 남편 빌 게이츠와 함께 24억 달러(원화 약 2조 4천억 원)이상의 재산을 빌&멜린다 게이츠 재단에 기부했다.

멜린다 게이츠는 2006년 이후 2008년까지 미국 포브스지가 선정한 파워 여성 100인 가운데 12위, 24위, 40위를 차지했다.

멜린다 게이츠는 재단 설립 후 많은 활동을 하면서 강연과 인터뷰를 이어가던 중, 한번은 미국인들 및 멜린다 게이츠를 바라보는 사람들에게 이런 이야기를 남겼다.

•　•　•

"우리가 코카콜라로부터 배울 수 있는 것이 있습니다."

"정부기관 및 비영리 단체들은 코카콜라로부터 많은 것을 배울 수 있습니다."

이 이야기는 멜린다 게이츠가 TEDx방송을 하던 도중 꺼낸 말로써, 멜린다 게이츠가 뉴욕극장에서 가진 '소프트음료제조업체의 마케팅모델이 어떻게 저개발국가들에서 글로벌 건강 증진을 추구하는 단체들에 의해 적용되는가'에 대한 내용을 말하던 중이었다.

멜린다 게이츠는 코카콜라 마케팅에는 3가지 요소가 있다고 말했다. 회사는 실시간으로 정보를 분석하고 현지 기업들의 열정과 지식을 파악하는데 회사의 '열린 행복' 마케팅은 해당 지역의 문화적 열망에 어필하기 위해 조정된다는 것이다.

이에 대해 멜린다 게이츠는 "사람들이 살고 싶은 생활과 제품이 서로 협력하는 것"이라고 말했다.

즉, 사람들이 일상생활에서 필요로 하는 부분을 제품이 맞춰가야 한다는 뜻으로, 공급이 수요를 만드는 게 아니라 '수요'가 있는 곳에 '공급'해야 한다는 의미였다. 특히, 멜린다의 자선활동에 견주어 풀이하면, 도움을 필요로 하는 곳에 도움의 손길을 건네야 한다는 뜻이다.

생각해보자. 2007년 이후, 전 세계는 애플社가 출시한 스마트폰 '아이폰(iPHONE)'으로 촉발된 스마트폰의 큰 인기로 스마트폰, 태블릿PC, 스마트TV로 이어지는 스마트 혁명 시대에 살고 있다. 예전에, 오디오 대신 워크맨(WALKMAN)이란 휴대용 오디오가 세계적으로 선풍적 인기를 끌었던 것처럼 휴대형 컴퓨터(전화기능도 있는)인 스마트폰이 각광을 받는 중이다.

여기에서 멜린다 게이츠의 이야기를 풀이해보면, 수요가 있는 곳에 공급을 해야하는 소비자 우선주의 시대가 이미 진행 중이고, 그 예로 소프트음료인 코카콜라로부터 기업들이 많은 것을 배워야 한다는 것으로 해석된다는 점이다.

MIND 1　HEART

내가 하려는 일이 자주 막히는가? 생각대로 전개가 안 되는가?
내 계획이 다른 사람들의 마음에 맞지 않는 것은 아닌지 돌아보자.
내가 좋아하는 나만의 계획이 아닌지 살펴보고,
사람들은 어떤 분야에 관심을 갖고 있는지 연구하자.

내 마음에 가장 강하게 와 닿는 일을 하라.
단, 다른 사람들의 마음과 같은 일인지 살펴보자.

혼자만의 계획은 '생각'이지만
두 사람만이라도 같은 계획을 하면 그건 '마음'이다.

마음은 내 시야를 만들어준다.
내가 어디를 보고 가야하는지 마음이 결정해준다.
마음으로 움직이고, 머리로 방법을 만들자.

팔다리는 머리로 움직이지 않고 마음으로 움직인다.
머리는 움직이는데 필요한 방향과 이동수단을 생각하는데 사용한다.

내 마음이 움직이는 곳으로 내가 움직인다.

· · ·

"나는 일부러 아이폰을 안 사려고 하지 않습니다."

멜린다 게이츠는 때때로 MS社와 경쟁사인 애플社의 아이폰을 사고 싶어 한다고 말한다. 그러나 많은 유혹에도 불구하고 멜린다 게이츠와 그녀의 아이들조차 사지 않는다고 밝혔다. 이와 같은 상황은 아이팟 제품에도 적용된다고 했다.

패션지 보그 매거진과 가진 인터뷰에서 멜린다 게이츠는 "가정생활에 필요하지 않은 상품을 금지목록이라고 해서 반드시 사지 말아야 한다는 물건은 거의 없어요. 하지만, 아이팟과 아이폰은 아이들에게 사주지 않습니다."라고 밝혔다.

멜린다 게이츠는 자기 자신에 대해서도 이야기 했다. "매번 내 친구들에게 '난 아이폰을 사는 게 나쁘다고 생각지 않아'라고 말하죠."

다음 질문은 자연스럽게 게이츠 부부의 아이들 양육방법으로 이어졌다.

• • •

"아이들은 공원에 가요. 아이들과 함께 놀 수 있도록 배려하자고 남편과 제가 약속했거든요. 거기엔 아이들에게 피해를 주는 환상이나 망상이 없거든요. 아이들은 사치를 일삼는 연예인처럼 되진 않을 거예요."

게이츠 부부는 이미 알려진 바와 같이 재산의 대부분을 사회에 기부한다. 그리고 게이츠 부부의 사랑스런 자녀들에게도 부모의 재산 대부분을 그들에게 물려주지 않을 것이라고 말했다고 고백했다.

이미 게이츠 부부는 막대한 재산을 재단에 기부한 상태이다. 멜린다 게이츠는 인터뷰 시간 대부분을 재단에 관한 내용에 집중하는 모습을 보여줬는데, 그 내용은 어떤 이유로 멜리다 게이츠가 자선재단 활동을 하게 되었는지에 대해서였고 '멜린다 게이츠' 그녀의 목적은 세계의 기아와 질병을 해결하는 것이라고 했다.

• • •

"우리 부부는 에이즈와 말라리아를 없애는 방법에 대해 대화를 나눠요. 우리는 그렇게 되기까지 얼마나 힘들지 압니다. 하지만 우린 어떤 장애가 있더라도 겁내지 않아요."

• • •

"우리는 우리 자신들이 세상이 공정하도록 도울 수 있는 중요한 기회를 가진 사람들이라고 믿기 때문에 이 재단을 시작했어요. 사람이 어디에서 태어나더라도, 남자이건 여자이건 건강하게 살아가며 열매를 맺는 인생을 가질 수 있는 기회가 있다는 확신을 주기 위해서예요."

• • •

"위대한 변화를 만들겠다는 야망을 가지면 안 되나요?"

멜린다 게이츠는 3명의 아이를 둔 엄마로서 세계의 기아와 질병에 맞서 싸우는 중이다. 그리고 그런 도전과 싸움을 할 수 있는 기회가 주어진 것에 대해 감사한다고 밝혔다. 막대한 자금과 인력이 필요한 일에 게이츠 부부가 감당할 수 있도록 재산이 있고, 그 돈을 쓸 건강이 있다는 의미이다.

멜린다 게이츠는 자신의 마인드가 움직이는 행복한 삶을 살고 있다.

그리고 미국의 교육 문제에 대해서도 큰 관심을 보이며 활동을 겸하는 멜린다 게이츠는 말한다.

• • •

"그래서, 새롭게 구상한 학교야 말로 내가 항상 하고 싶은, 가장 좋아하는 일 가운에 하나입니다. 지금 나가서서 정말 아이들을 바라보고, 프로그램에 참가하고 있는 엄마들을 바라보세요. 나는 내가 진짜 어떤 일이 일어나고 있는걸 본다고 느낍니다. 우리가 할 수 있는 것들을 다른 사람들에게 주는 것만으로도 그들의 생활에 변화가 일어나는 것을요."

세계의 기아와 질병에 맞선 여성 멜린다 게이츠는 자신의 마음이 가라고 하는 곳에, 도움의 손길이 필요한 곳에 앞장서 달려나가 도움을 전하는 삶을 살고 있다. 누가 시켜서가 아니다. 오롯이 자기 자신의 마인드에 따라서 가장 필요하다고 느끼는 일을 하는 중이다.

그러기 위해선, 무엇보다도 한 가정의 아내로서, 아이들의 엄마로서의 역할도 중요하게 생각하는 멜린다 게이츠는 말한다.

• • •

"우리는 뒤뜰을 바라보며 이야기해요. '우리가 어떻게 위기에 빠진 가정을 구할 수 있을까? 위기에 빠진 젊은이들은? 북서태평양 지역에 문제들은 어떻게 하고 그곳에 어떤 변화라도 생기게 하는 방법을 생각하고 도움을 줄 수 있을까?'라고요."

멜린다 게이츠는 아이들과 함께 있을 것이라고 말한다. 그리고 앞으로 일을 하면서 부딪힐 수 있는 위기에 대해서도 믿음을 갖고 맞선다고 말한다. '믿음'이야 말로 우리 앞에 다가온 위기를 우리 옆으로 지나가게 하는 방법이라고 제안한다.

• • •

"아이들이 생기면서 우리가 당연하게 생각했던 모든 것들이 다르게 받아들여져요. 여러분의 아이들이 소아마비와 질병을 막기 위해 백신을 맞는 것과 같아요. 나는 우리 아이들을 위해 지극히 개인적인 삶을 살고 싶거든요."

"배움에 있어서 성장을 멈추지 않아야 합니다."

제리 디바드(DeVard, Jerri)

제리 디바드는 버라이즌커뮤니케이션社의 브랜드 관리 및 마케팅 커뮤니케이션의 수석 부사장으로서 버라이즌의 브랜드로 글로벌 경쟁력을 가진 회사가 되기 위한 활동에 앞장서는 역할을 담당했다. 또한 회사의 국내 텔레콤그룹의 광고, 미디어 기획 및 구매, 메일 응대에 대한 관리자이기도 하다.

버라이즌커뮤니케이션에 입사하기 전에는 제리 디바드는 시티그룹의 전자상거래에 대한 책임을 지는 최고 마케팅책임자였고, 시티그룹에 합류하기 전에는 Revlon에서 색조화장품 마케팅을 담당하는 부사장이었다.

이외에 제리 디바드는 미네아폴리스에 있는 필스버리(Pillsbury)회사에서 여러 브랜드 경영을 담당하는 위치에 있었고, 뉴올리언즈 하라엔터테인먼트(Harrah's Entertainment)에서는 마케팅 담당 부사장이었으며, 펩시 아프리카계 미국인 자문위원회와 토미힐피거의 이 사회 임원 및 전국 광고주협회(ANA) 회원이기도 하다.

제리 디바드는 미국광고연맹이사회(AAF) 집행위원회에서 활동 및 임원리더십위원회, 스펠만컬리지 이사회의 위원회 회원으로 활동한다.

제리 디바드는 2005년 2월 '블랙 엔터프라이즈' 매거진의 미국 기업 중 아프리카계 미국인 75명 가운데 가장 강력한 인물로 선정되었고, 스펠만 컬리지에서 경제학 학사 학위를 받았으며, 클락애틀랜타대학 대학원에서 마케팅 분야 MBA를 취득했다.

• • •

"스펠만 재단 이사회의 의장 당선자가 된 것은 영광입니다. 이본 잭슨 (Yvonne Jackson) C'70을 이어가며 스펠만에 대한 사랑과 헌신은 측정할 수 없을 정도로 큰 것입니다."

스펠만대학 재단 이사회에서 의장으로 당선되었을 때 제리는 말했다. 아프리카계 미국인 여성으로 세상에 도전하여 성공을 이루기까지, 필요한 지식과 지혜를 얻은 곳이 바로 자신이 공부한 '스펠만' 대학이며, 모교의 재단 이사회 의장으로 당선되어 자신의 후배들을 위해 봉사할 수 있게 된 것을 기뻐하는 말이었다.

• • •

"스펠만에서 제가 받은 모든 교육은 개인적으로도 직업적인 목표를 이루게 해주었을 뿐 아니라 경쟁에서 성공적으로 승리하는데 필요한 도구가 되어 저를 무장시켰습니다. 스펠만은 매력적인 곳이라는 장점이 있으며, 세계 최고의 지성(MINDS)을 교육하는 곳이란 확신을 갖고 있습니다. 또한, 이곳에서 우리들의 학생들은 성장을 멈추지 않고 있습니다."

어디까지 배워야 하는지 질문하는 여성들이 많다.

사회에서 성공하려면 대학원을 나와야 하는지, 유학을 다녀와야 하는지 걱정한다.

그러나 대다수 기업들의 인사담당자 및 경영진들은 이미 학력 인플레가 만연한다고 고백한다. 한국에서도 명문대학 나온 이들이 넘치고, 하버드대학, 스탠포드대학 출신들도 넘친다고 말한다.

여성의 사회 진출이 늘어나는 시대에 여성들에게 필요한 배움의 한계는 없다. 문제는 학교 졸업장을 뜻하는 '어디까지 배워야 하나요?'가 중요한 게 아니라는 점이다. 여성들에게 필요한 배움은 지속적인 '배움(STUDY)'이다.

업무를 배우고, 대인관계를 배우고, 사회에서 빠르게 변화하는 트렌드를 배워야 한다는 뜻이다.

외국 유학을 마치고 돌아온 한국 땅, 공항에 첫발을 내딛은 여성이 "엄마, 나이제 뭐 해야 해?"라고 말할 시대가 아니다.

자신의 업무나 주위 사람들에게서 여성은 배움을 멈추면 안 된다.

배움에는 졸업장이 없다.

배우자.

어려움을 배우고 이기는 법을 배우자.

같은 실수를 두 번 반복하지 않도록 내게 주어지는 모든 것을 배우자.

넘어지는 법을 배워두면 나중에 다시 일어나는 법도 배운다.
내 앞에 펼쳐진 길이 없다면 길을 만드는 법을 배워야 하고,
비가 온다면 비를 피하는 법을 배워야 한다.

여성은 배움을 통해 자신의 앞에 놓인 도전의 계단을 올라갈 수 있다.

스펠만컬리지에서 경제학을 전공하고, 아틀란타대학으로 MBA를 받은 경력은 제리 디바드가 마케팅산업계에서 영향력을 미치는 사람이 되는 출구 역할을 했는데, 제리디바드는 자신의 '디바드마케팅그룹(DMG)'을 세우기 전에 버라이즌社의 수석 마케팅 부사장을 역임하는 등, 필즈버리社, NFL미네소타 바이킹즈, 하라엔터테인먼트 등을 거치며 다양한 경력을 쌓았다.

광고계의 파워 여성이며, 월스트리트저널에서 선정한 '주목해야 하는 여성'이기도 한 제리 디바드는 광고산업계의 수많은 위원회에서 활동하며 전국광고주협회 연례 컨퍼런스에서 단골 연설자이기도 하다.

제리 디바드는 맨해튼 주소를 떠나서 뉴저지 배스킹 릿지에 있는 버라이즌 본부로 다니기로 결심했는데, "나는 1년 동안 노력했어요. 그건 너무 긴 시간이었어요."라고 말했다.

'휴식 그리고 충전'

나중에 제리 디바드는 버라이즌을 떠날 계획을 세웠는데, 그 이유로 제리의 표현을 빌자면 '휴식 그리고 충전'이 필요하다는 표현을 했다. 제리 디바드가 다음에 할 일을 결정하기 전에 하는 말이었다.

제리가 하는 이야기는 배움의 멈춤이 아니다. 배움을 이어가면서 배움과 배움 사이에 '휴식'을 갖는다는 뜻이다. 세상은 살아서 꿈틀대는 생명체와 같다. 움직이는 생명체에서 살아남는 방법은 같이 움직이는 것이다. 움직이지 않으면 힘이 빠져서 발을 헛딛고 떨어지기 때문이다.

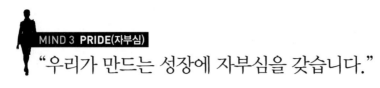

"우리가 만드는 성장에 자부심을 갖습니다."

아이린 로젠필드(Rosenfeld, Irene)

1953년 5월 3일생인 아이린 로젠필드는 크래프트社의 대표이사 사장이다. 아이린은 미국 뉴욕 브룩클린에서 태어났는데 롱아일랜드 웨스트베리에서 시멀(Seymour)과 조안 베커(Joan Blecker)라는 젊은 유태인 부부 사이에서 성장했다.

아이린 로젠필드의 아버지의 부모들은 루마니아계 유태인이었고, 어머니의 조부모들은 독일계 유태인이었다.

2004년, 로젠필드는 펩시코 파트를 담당하는 프리토레이의 대표이사 사장으로 선정된다. 그리고 건강식품 홍보에 주력하게 된다. 2006년 6월 크래프트푸드社의 대표이사 사장이 되었고, 알트리아그룹이 크래프트를 분사하면서 2007년 3월 의장 지위까지 받게 된다.

로젠필드는 25년 이상 식품과 음료 분야에서 일했다. 로젠필드의 첫 번째 직업은 뉴욕에 소재한 댄서광고에이전시(Dancer Fitzgerald Sample advertising agency)였는데, 로젠필드는 나중에 일반식품 소비자조사에 합류하게 되었다.

로젠필드는 시카고 경제클럽의 멤버이며 식료품제조업협회 이사회 임원이면서 코넬대학이사회에 몸 담고 있다. 로젠필드는 마케팅 통계학 박사, 코넬대학에서 심리학 MBA 및 BA를 취득했으며 2008년에는 월스트리트저널이 선정한 '주목할 만한 여성 50인' 가운데 여섯 번째에 소개되었는데 2009년에는 미국 포브스지가 로젠필드를 가장 힘 있는 여성 6위에 선정하기도 했다.

2010년 10월, 포브스지는 가장 힘 있는 여성 10명 가운데 두 번째로 로젠필드를 소개했으며, 2009년에 로젠필드는 혼자 2천 6백만 달러의 수입을 벌어들였다.

2010년 2월에 가진 모 인터뷰에서 로젠필드의 이야기를 들어보면, 미국 회사 '크래프트'가 영국 회사 '캐드버리'를 인수한 것에 대한 질문을 받은 로젠필드는 "음. 하지만, 미디어들은 논쟁을 좋아할 텐데, 어쨌거나 이 시장에만 존재하는 유일한 것이죠."라고 말한다.

또한 크래프트가 캐드버리를 인수하면서 캐드버리 직원들과 그들의 미래에 대해 회의를 갖던 로젠필드는 "이 일은 내게 매우 고통스런 일이기도 합니다"라고 말했다. 리더가 되어 사람들의 미래를 책임지는 것에 대해 부담을 느낀다는 뜻이었다.
한편, 미디어와의 만남을 탐탁지 않게 여길 것 같았던 로젠필드의 이미지는 종종 깨지곤 했다.

"나는 신문기자들과 만날 때 편안함을 느껴요. 그들은 진짜 사람이 누구인지 이해하거든요."

이후에 크래프트가 캐드버리를 인수하면서 '시너지' 효과를 냈고, 크래프트는 1위인 네슬레에 이어서 세계 2위의 식품회사가 되었다.

• • •

"나는 일에 대해서 아무 약속도 할 수 없어요. 이 분야의 프로세스의 특수성 때문입니다. 그들이 무슨 책을 읽는지, 그들이 어떤 소비를 즐기는지 등에 대해 알아볼 기회조차 없었어요. 하지만, 이건 성장에 관한 문제예요. 합병된 회사는 그 이전의 상태보다 더 큰 잠재력이 있어요. 성과는 3개월에서 6개월 정도면 판가름날 거예요."

MIND 3 PRIDE

나를 움직이는 가장 큰 마인드는 자부심(PRIDE)이다.
내가 어떤 일을 하건 나 스스로 자랑스러운 일이 되어야 한다.

A와 B라는 두 명의 여자가 있다.
A는 학창시절 내내 공부도 잘하고 교우관계도 원만한 인기 만점의 여성이었고, 다른 B는 이 여성과 경쟁을 하며 성적을 어떻게든 더 올리려고 했던 여성이었다.

A와 B가 학교를 졸업하고 사회에 진출하여 다시 만났다.

B는 대기업 마케팅 부서에 근무하며 1년 연봉을 많이 받고 있었는데,

A는 작은 출판사에 다니며 B에 비해 몇 배 적은 연봉을 받고 있었다.

드디어 A를 이겼다고 생각한 B가 A에게 이야기했다.

"넌 나보다 공부도 잘하고 인기도 많았으면서 연봉이 그것 밖에 안 되니?"

그러자 A가 말했다.

"나는 회사 출근을 기다리고, 내가 하는 일에 큰 자부심을 느껴. 하루가 어떻게 가는지도 몰라. 내 손을 통해 세상에 나오는 책들을 보면서 난 세상에서 가장 중요한 일을 하고 있다고 생각해. 사람들은 내가 만든 책을 보면서 각자의 인생을 가꿔갈 테니까."

B는 속으로 생각했다.

휴일만 기다리고, 휴가만 기다리는 자신의 모습이 떠올랐다.

해마다 연봉이 얼마나 오르는지 조바심 내며 출근해야 하고,

인사고과를 잘 받기 위해 집보다 회사에 더 치중하는 자신의 모습이 떠올랐기 때문이다.

급여통장에 쌓인 많은 돈은 회사 직급이 올라갈수록 더 가꿔야하는 자신에게 투자가 되었고, 좋은 화장품에 좋은 차에 좋은 집 사는 걸 즐거움으로 알던 자신이 한심하게 느껴졌기 때문이다.

자신이 하는 일에 대해 자부심을 갖는 사람과 그렇지 않은 사람의 미래는 큰 차이가 난다.

자기가 하고 싶은 일에 대해 자부심을 갖고 도전하는 사람의 얼굴은 항상 웃음이 가득하고 행복감이 넘친다.
행복한 삶이 바로 성공한 삶이다.

자부심을 갖고 도전하자.
자부심은 내 엉덩이를 밀며 내 팔과 다리를 바쁘게 만든다.
자부심은 나를 앞에서 이끄는 힘 좋은 말이다.

로젠필드의 성공은 여전히 극소수의 여성 리더가 있는 비즈니스 분야에서 특수한 경우에 속하는 일이긴 하다. 로젠필드는 회계사이며 날렵한 스포츠맨이기도 한 자신의 아버지를 신뢰하는데 아버지는 로젠필드에게 경쟁할 수 있는 마음을 갖게 했다.

• • •

"아버지는 아들이 없었어요. 오직 나하고 나보다 어린 여동생이었죠. 그래서 나는 아버지의 대리 경쟁자였어요."

사람들은 로젠필드의 어머니에게 이같은 일들이 로젠필드에게 일어날 것을 미리 알고 있었는지에 대해 묻곤 했는데, 로젠필드의 어머니는 "물론이죠."라고 대답했다.

• • •

"확실히 나는 어렸을 때부터 모든 일에 대해서 집중하곤 했어요. 보육

원에서 낮잠을 잘 때도 마찬가지였죠. 내 친구들은 대부분 남자친구들인데, 나는 그들과 노는 법을 배우고 지금도 계속 하고 있죠."

로젠필드는 자신의 어릴 적 상황에 대해서 회상하기를 전원적인 교외에서 자랐다고 기억한다.

• • •

"나는 항상 사람들이 어떤 생각을 하는지 궁금해요. 공항에서 사람들 얼굴을 보며 시간을 보낼 수도 있어요. 그들이 누구인지, 그들이 어디로 왜 움직이는지, 고등학교 이후로 나를 매료시키는 주제예요."

자신의 일에 자부심을 갖는 여성은 행복하다. 자부심을 가져야 활기가 넘치고, 자신의 일을 더 잘하기 위해 연구하고 공부한다. 자부심이란 단어는 여성을 더욱 아름답게 만들어주는 엔진인 것이다.

멈추지 않는 엔진, 여성이 사회에 도전하면서 반드시 갖춰야 할 필수품이다. 자부심이란 성공에 도전하는 여성의 가방 속에 항상 있어야 할 머스트해브(MUST HAVE) 아이템이다.

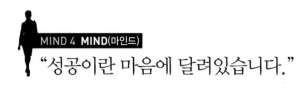

"성공이란 마음에 달려있습니다."

페트리샤 A. 월츠(Woertz, Patricia A.)

페트리샤 월츠는 2006년에 다른 4명의 경쟁자를 제치고 '아처 대니얼스 미들랜드(ADM)社'의 대표이사가 되었다. 쉐브론 코퍼레이션에서 수석 부사장을 지내던 울츠는 CEO 기회를 잡기 위해 자신의 자리를 내놓았던 것이다.

월츠는 포춘지와의 인터뷰에서 ADM의 아웃사이더로 스스로를 묘사하면서 "나는 회사 밖, 업계 밖, 가정 밖, 성별 기대 밖이다"라고 말했다.

1953년 펜실베이나 출신인 월츠는 펜스테이트 대학에서 회계학을 전공, 1974년에 졸업했다. 월츠는 피츠버그에 있는 어네스트앤영社에서 근무를 시작한 후, 어네스트앤영社의 고객이었던 걸프오일社로 자리를 옮겼다.

걸프오일社에서 월츠는 지속적으로 승진하면서 밴쿠버, 브리티시콜럼비아를 거쳐 쉐브론 인터내셔날의 사장 자리까지 올랐다. 그리고 최종적으로는 쉐브론 글로벌의 수석 부사장을 지냈고, ADM에서 경력을 이어가는 월츠는 에탄올과 바이오연료에 집중할 것으로 기대를 모은다.

2010년에 이르러 ADM의 대표이사가된 월츠는 포춘지가 선정한 가장 힘 있는 여성 3위에 오른다. 2009년엔 포춘지가 선정한 탑 CEO 500명 가운데 93위에 오르며 선두권에 선 여성이었는데. 2009년 포브스지 발표에 따르면 월츠는 세계에서 가장 힘 있는 여성 26위를 기록했다.

2009년 아처 대니얼 미들랜드社의 대표이사를 지내면서 월츠는 14,689,022 달러(원화 약 140억원)의 수입을 올렸는데, 이 내역을 보면 급여 1백3십만 달러, 현금 보너스 약 2백만 달러, 주식 총액 4,919,563 달러, 옵션 총액 6,356,267달러, 그리고 다른 수입 72,807 달러가 포함되었다.

월츠는 남성들 비즈니스로 인식되는 석유사업에서 실제 권력을 지닌 극소수의 여성이 된 것에 대해 이야기하길 좋아하지 않는다.

쉐브론 코퍼레이션(CVX)社에서 월츠가 3만 명의 사람들과 함께 180개 국가에서 사업을 하며, 100억 달러 비즈니스 규모를 지닌 석유기업의 정제 및 마케팅 담당 부사장까지 오르면서 29년 근무해오는 동안에도 결코 이슈가 된 적이 없었다는 점도 이를 증명한다.

월츠는 농업 비즈니스를 하는 남성 중심의 아처 대니얼즈 미들랜드社의 사장이다. 여자는 큰 기업을 운영할 수 없다는 이야기가 월츠에게는 해당하지 않는다는 것을 몸소 증명하는 중이다.

비즈니스를 하는 여성이라면 최고로 선망하는 임원의 자리에 오르기 위해 '희생'이 필요한데 이런 '희생'은 가치가 있다는 말이 월츠에겐 통하지 않는다. 월츠 역시 오랜 동안 CEO가 되기 위해 노력했지만 월츠는 희생을 하기보다 규칙을 따랐다는 점이 남들과 다르다.

월츠는 직업(일)이란 경험의 범위를 만든다고 생각했다. 3명의 아이를 키우는 월츠였지만 종종 여행을 떠나곤 했으며 주당 80시간을 일했지만 그걸 '희생'이라고 말하진 않았다. 누군가 월츠에게 여성을 위한 직업적인 조언을 해달라고 한다면 살짝 대답을 피하며 이렇게 얘기한다.

● ● ●

"성공 가능성은 마음(MIND)에 달려있다."

MIND 4 MIND

필자는 패션디자이너로서 패션쇼와 영화를 결합시킨 '쇼무비(ShowMovie)'를 만들 때 연기자들과 미팅을 자주 갖는 이유가 있다.
쇼무비라는 장르는 패션디자이너의 디자인을 연기자가 착용하고, 연기를 하는 것으로 영화를 보는 관객들이 각자 받는 감동이 패션디자이너의 디자인 감동이 되는 패션쇼 중 하나인데 쇼무비에 출연하는 연기자들은 스타일링에 대한 피팅 조건뿐 아니라 연기력도 중요하기 때문이다.

그래서 연기자들을 만나고 대화를 나누다 보면 말하지 않아도 받는 느낌이 있다. 사람에 따라서 정도의 차이는 있지만 연기를 하고자 하는 연기자 들은 그 열정, 그 마음가짐이 눈빛으로 드러난다는 사실이다.

그렇지 않은 연기자들은 그저 자신의 프로필 한 줄 더 추가하는데 급급하거나 활동을 하지 않고 집에서 노는 날이 많으니 돈만 바라고 일단 무조건 하겠다는 부류에 속한다.

크게 다르지 않다고 확신한다.
회사도 마찬가지이고, 사회의 어떤 일도 마찬가지이다.

사회는 남모르는 낯선 사람들이 만드는 곳이 아니라 어떻게 생각하면 우리의 선배들, 즉, 언니 오빠, 형, 누나들이 만들어가는 시대를 따른다.

즉, 사회에서 성공한 위치에 오른 사람들은 그들만의 노력에 의한 보상을 얻은 사람들이고 지금 현재에도 글로벌 무대에서 남들과 경쟁하며 자기 자신의 일에 대해 열정을 가진 사람들이다. 자신의 일만큼은 반드시 이룬다는 마음가짐으로 오늘을 살아가는 사람들이란 뜻이다.

오늘 면접을 봤는데 결과가 불안한가?
오늘 거래처와 협상을 했는데 일의 성사 여부가 걱정되는가?

모든 것은 마음가짐으로부터 시작된다.
내가 어떤 위치에서 어떤 일을 하건, 내가 선택한 일이라면 마음가짐을 단단히 갖자.

마음가짐이 다른 사람은 눈빛이 다르다.
자기 일에 확신을 갖고, 자기 일을 이루겠다는 사람들이 인기를 얻는다.

사람들은 자기 일에 확신을 갖고 열심히 하겠다는 사람과 일하고 싶어 한다.

내 마음가짐을 새롭게 하자.
내 눈빛에 내 마음가짐이 드러나도록 연습하고 훈련하자.

진정한 고수들은 입으로 말하지 않는다.
오로지 눈빛만 교환해도 상대가 어떤 사람이고, 어떤 마음인지 알 수 있다.
마음가짐을 다지고, 내 앞에 놓인 모든 상황을 뚫고 나가자.

월츠는 1974년 펜실베니아 주립대학을 졸업하고 회계사로 사회생활을 시작했다. 3년 뒤에는 빅오일社에서 불렀다. 쉐브론社에서 월츠는 업무를 2~3년에 한 번씩 바꾸면서 스스로 업무에 익숙해진다는 환경을 만들지 않았다.

월츠는 항상 자신의 업무에 집중했다.

• • •

"어떤 사람들은 내가 아이들을 키운다는 걸 알면 놀란다."

첫째 딸이 태어난 이후에도 월츠는 즉각 회사로 돌아왔다. 두 번째 임신에서 월츠는 회의를 하면서 일을 하는 통에 결국 병원에 실려 가야만 했다. 병원 의사는 월츠가 쌍둥이를 임신했다는 걸 알고 제왕절개를 해야만 했는데, 월츠는 이때서야 비로소 며칠 휴식기간을 가질 수 있었다.

월츠는 자신이 선택한 회사의 남성 중심적 문화에도 적응했다.

• • •

"쉐브론이 내 온몸에 문신을 하는 기분이었다."

그래서였을까, 퇴사는 쉽지 않았다. 하지만 월츠는 3월에 물러났다. 아이들도 다 성장해 여유가 있었지만 월츠는 다른 기회를 잡고 싶었다. 월츠는 쉐브론의 CEO를 목표로 하던 게 아니었다. 만약 그랬다면 허리케인 카트리나로 인해 어려움을 겪던 2005년에 석유 정제문제를 포함하여 다 포기했을 것이기 때문이다.

시간이 흘러 쉐브론은 36억 달러의 규모를 지닌 회사로 성장했다. 어느 분기엔 실적이 29% 상승하기도 했다. 그로 인해서, ADM은 새로운 석유 산업의 리더를 고려하기 시작했는데, 에탄올을 포함하여 석유로 만든 것들에 대한 대체 수익이 될 수 있는, '바이오 제품'에 집중했다.

월츠는 104년 회사 역사에서 1970년 이후 ADM을 경영하던 안드레아 가문의 사람이 아닌 첫 번째 사람이자 여덟 번째 경영자가 되었다. 다만 선임 CEO였던 'G 알렌 안드레아스'는 이사회 의장으로 남긴 했지만 말이다.

안드레아는 "나는 방향을 설정하고 우리들 사업의 조망을 하는 역할입니다."라고 말했으나 월츠는 "나는 그의 도움이 필요할 때 그를 감독할 겁니다"라고 밝혔다는 점에 주목하자.

월츠는 사람들에게 '퉁명스러운 사람'이라고 묘사되는데, 오히려 '참지 않는' 성격이란 게 맞는 표현이고, 여기에 추가하자면 월츠는 '합의를 중시하는 경영스타일'이란 차이가 있었다.

CEO로서 근무하는 첫날 월츠는 미팅을 가졌는데 "나는 빠른 변화를 만들기 좋아하는 사람이 아닙니다."라고 밝혔다. "나는 사람들에게 내가 하려는 일을 걱정하는지, 사람들이 내게 해주길 원하는 일이 무엇인지 물어볼 겁니다."

월츠의 예전 상사 가운데 월츠가 아이를 갖는 건 경력에 도움되지 않는다고 충고를 한 사람들이 있었다. 심지어 "월츠, 당신 자신을 고쳐. 그걸 경비보고서에 넣어보면 될 거야."라고도 했던 사람들이었다.

나중에 월츠의 송별식에서 월츠의 아이가 말했다. "저는 엄마가 그 사람 말을 안 들은 게 기뻐요."

이와 같이 일화에서 보듯, 월츠는 회사에 근무하면서 규칙에 충실했다. 그리고 자기 일에 대해 어느 누구보다도 열심히 하겠다는 마음가짐으로 임했다. 때로는 직장 상사도 월츠의 마음가짐 앞엔 힘을 못 썼다.

월츠는 자기 일에 대해서 어느 누구보다도 강한 마음가짐으로 열정으로 임했고, 그녀의 가정과 회사에서 모두 성공을 이뤄냈다. 세상은 마음먹고 도전하는 사람 앞에 당해내지 못한다는 사실이 증명되는 순간이었다.

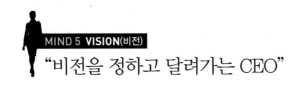

"비전을 정하고 달려가는 CEO"

안드레아 정(Jung, Andrea)

안드레아 정은 1959년생으로 캐나다 온타이로에서 태어났으며 2001년 레이디즈 홈저널지 선정 미국에서 가장 힘 있는 여성 30위에 이름을 올렸다.

안드레아는 1999년 11월 에이본프로덕츠社의 수석 임원이자 이사회 의장이 되었다. 이에 앞서, 에이본 월드와이드社의 모든 비즈니스 부서에 대하여 전략담당임원(COO)이었는데 안드레아는 1998년 이후 이사회 멤버이기도 하다.

안드레아는 제품마케팅그룹 대표로 1994년 에이본社로 온 이후에 1996년에 글로벌마케팅 담당 사장이 되었고 1997년에 신사업 및 글로벌마케팅 수석 부사장이 되었다. 그 당시 안드레아는 해야 할 일로써 마켓리서치 및 조인트벤처, 전략기획에 집중했다.

이에 앞서, 안드레아는 여성의류, 액세서리, 화장품, 아동복에 관련된 이슈를 다루는 '네이만 마쿠스'의 수석 부사장이었고, 그 전에는 아이마그닌社의 총괄본부장겸 선임부사장이기도 했다.

안드레아는 1998년 GE社 이사회 멤버가 되었으며 2008년 1월 7일에는 애플社 이사회에 합류하기에 이른다.

안드레아는 프린스턴 대학의 우등졸업생이며 중국어도 유창하다. 안드레아는 포브스지가 선정한 2004년 가장 힘 있는 여성 100명에 이름을 올렸으며, 2009년 포브스지는 안드레아를 가장 힘 있는 여성 25위에 올렸다. 안드레아의 전 남편 마이클 굴드는 블르밍데일즈社의 CEO였는데 안드레아의 첫 번째 직장이기도 했다.

안드레아의 엄마는 상하이 태생으로 화학엔지니어였는데 피아니스트로도 활동했고, 아버지는 홍콩 태생으로 MIT를 졸업하고 건축회사에서 일했다. 안드레아는 메사추세츠 웰슬리에서 자랐다.

에이본社에서 10년 넘는 장기간 동안 CEO로서 활동하면서, 안드레아는 회사의 이익을 3배 이상 높이는 등, 세계 여성 가운데 필적할 사람이 없을 만큼 능력을 보였다.

안드레아가 뉴스위크 인터뷰에서 한 말을 눈여겨보면 다음과 같다.

· · ·

"지금까지 남성에게 속했던 직업의 82%가 사라지고, 반면에 새로운 직업 대부분은 여성들에게 돌아갔습니다. 여성이야말로 불황으로부터 우리는 끌어내줄 중요한 열쇠일까요? 점점 더 많은 여성들이 두각을 나타내고 있습니다. 지난 10년간 성장해온 여성들의 경제적 능력을 통해야만 글로벌 경기 침체기를 벗어날 변곡점이 된다고 생각합니다."

• • •

"우리는 믿습니다. 여성들이 그들의 능력을 믿고 밖으로 나아가면 가정 수입도 높여줄 해결책이 될 것이라고요. 여성이 돈을 벌면 그 혜택은 더 높습니다. 여성은 아이들을 위해, 그리고 여성들 자신의 교육과 건강과 기초적인 필요한 부분에 투자할 수 있습니다. 경제 분야에서 여성들의 역할은 사회에도 큰 부분에서 도움이 됩니다. 아마 지금과 같은 것보다는 비교도 안 될 만큼 말이죠. 그래서 나는 확고한 신념을 갖고 있습니다. 여성들이 바로 글로벌 경기 침체에서 벗어날 해결책이 될 것이라고요."

MIND 5 **VISION**

일하는 리더는 직원들에게 비전을 제시한다.

지난 1990년대에 우리나라에 큰 열풍을 몰고온 모 패션브랜드 이야기가 있다.

낮은 가격의 '앵커 프로덕츠(ANCHOR PRODUCTS:지속적인 인기 아이템)'를 선보이며 브랜드 패션의류군에 당당히 입성한 회사는 매출이 크게 늘면서 백화점에도 입점했다. 그러나 어느 날 회사 대표의 귀에 들려온 이야기는 숍에 근무하는 판매 직원들이 운다는 것이었다.

내용을 알아보니 백화점에 입점한 브랜드이긴 했지만 워낙 낮은 가격의 상품이라서 동종 업계 사람들뿐 아니라 소비자들도 '브랜드'상품이란 대우를 해주지 않는다는 내용이었다. 현장에서 알게 모르게 자존심이 상한 직원들이 속상해한다는 사실이었다.

이와 같은 사실이 알려지자, 회사에서는 탑스타 모델을 동원하여 TV 광고를 시작하는 동시에 직원들을 대상으로 교육에 나섰는데 '우리는 저가 상품을 파는 게 아니라, 소비자를 위한 합리적인 상품을 서비스한다'는 것이었다.

똑같은 상품을 다른 브랜드에선 몇 배의 돈을 주고 사는 모순된 불합리적인 소비 대신 우리 브랜드에서 소비자를 위해 합리적인 소비, 그리고 부자가 되는 소비를 제시한다는 내용이었다.

MBA를 공부하는 사람들은 가장 중요하게 생각하는 분야가 바로 '동기부여'이다. 기업 경영자로서 직원들에게 어떤 동기부여를 하느냐가 중요한데 이는 다른 말로 '비전 제시'를 말한다.

기업의 리더는 비전을 제시해야 하고, 비전에 대한 확신으로 직원들을 리드해야 한다는 뜻이다.
이 글을 읽는 여성 가운데 회사 리더가 있는가?
자기가 속한 회사에서 가정에서 친구들 사이에서 자신은 어떤 역할을 하고 있는지 살펴보라.
리더란 비전을 제시하는 사람이다. 그리고 자기가 솔선수범하여 비전에 대한 확신을 보여주는 사람이다. 비전에 대한 확신을 가진 리더 주위에 사람들이 모인다. 비전 공유가 이뤄진다.

비전을 만들고, 자기 자신부터 기억하자.

나를 움직이는 모든 것은 나를 위한 비전에서 나온다.

• • •

"여성에 대한 구시대적인 인식은 '쇼핑하는 사람'이었을 뿐, '소비자'로서 차지하는 역할을 간과했습니다. 왜 그럴까요? 여성들은 이제 여성이라는 분류에서 벗어나서 주요한 소비자가 되었습니다. 자동차를 사거나 화장품을 사거나, 또는 남자를 위한 상품을 산다는 것은 더 이상 중요하지 않습니다. 여성의 소비력은 세계의 소비력을 이끌고 있습니다. 어떤 회사라도 제품을 만들 때 여성을 고려하지 않는다면 크나큰 실수를 저지르는 것입니다."

• • •

"에이본에서 더 많은 여성들이 높은 직위에 올라야 한다는 게 중요합니다. 나는 포춘지가 선정하는 500대 기업들보다 더 많은 여성들이 경영부서에 있어야 한다고 생각합니다. 우리 이사회 11명 가운데 5명이 여성입니다. 거의 절반입니다. 우리의 선임 리더 13명 가운데 5명이 여성입니다. 쉽지만은 않은 일이었습니다. 1970년대엔 여성들은 집을 떠나서 회사로 들어갔습니다. 그 당시엔 우리 경영자들은 모두 남성들이었고 여성의 모든 업무는 남성의 일들을 뒷받침하는 일이었습니다만, 남성과 여성사이에 관점에 대한 토론이 이어졌고, 토론의 결과는 남성이나 여성만으로 구성하기보다는 서로 조화가 필요하다는 것이었습니다."

현재 경영부서의 중간 레벨 여성들은 보다 높은 위치로 승진될 것입니다. 새로운 지도자 세대들이 몰고 올 비즈니스계의 충격은 어느 정도일까요?

· · ·

'바다'가 변하는 것과 같을 것입니다. 비즈니스계의 변화가 아니라 사회 전반에 걸친 변화가 시작될 것입니다. 여러분들은 그 변화를 정치적인 면에서부터 볼 것입니다. 5년 전과 비교해 보면 중간 레벨 직급과 선임 경영자들 사이에 강력한 연결고리가 이어져 있습니다. 이 영향은 10년 동안 더욱 기하급수적으로 늘어날 것입니다.

· · ·

보스턴컨설팅그룹의 발표에 의하면 ['여성'들은 순시장 규모 5조 달러에 이르는 우리가 일생에 볼 수 있는 가장 크게 부각되고 있는 시장]이라고 한다.

안드레아는 이점에 대해 "그 시장은 한번도 우리 시장이 아니었던 적이 없습니다. 지금도 우리는 더 높게 뛰기 위해서 드리블을 하고 있는 중입니다. 어떤 사람들은 내게 말합니다. '당신은 립스틱을 팔고, 스킨케어를 팝니다.'라고요. 그럼, 나도 대답하죠. '우리가 파는 첫째는 여성을 위한 경제적인 기회입니다.'라고요. 우리는 눈에 띄게 성장하고 있는 시장에서 여성들이 혼자 설 수 있는 사회경제적 능력을 제공합니다."라고 한다.

・・・

"나는 이미 우리가 정치와 사회 전체적으로 같은 현상을 보고 있다고 생각합니다. 여자에게 생기는 경제력과 여자가 만드는 투자 사이에도 상호 협력하는 부분이 있습니다. 그것은 여자가 자신의 영역을 더 낫게 만들려는 사회적인, 도덕적인 양심에 따르는 것입니다."

・・・

"나는 여러분 스스로의 변화 없이 어떤 회사를 만들거나 문화를 만들 수 있으리라고 생각하지 않습니다."

・・・

"'정직'이야말로 우리의 계획을 서로 이해하는데 더 빠를 것이며, 그렇게 되면 전환 단계에서부터 본인에게 엄청난 도움이 될 것입니다."

・・・

안드레아는 사람들에게 변화를 강조하고, 회사의 비전에 대해 각자 맡은 일에 대한 가치를 부여함으로써 사람들이 비전을 공유하고 업무에 임할 수 있는 확신을 줬다.

안드레아가 제시하는 비전은 회사 전체의 비전이기도 하고, 비전을 실현시키기 위한 회사 구성원 각자의 맡은 업무에 대한 비전이기도 했다. 화장품 하나인 립스틱을 파는 게 아니라 여성에게 '경제적 자립 기회'를 제공하는 것이라고 말했다.

글로벌 불경기인 시대에서 여성의 소비력은 시장경제의 성장을 일으킬 가장 중요한 분야이고, 여성의 소비력이 커지려면 여성이 스스로 일해야 하는데 이런 여성들에게 사회에서 경제적 활동에 도움이 되는 화장품을 제공한다는 뜻이었다.

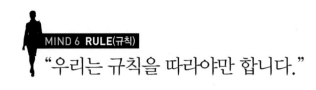

"우리는 규칙을 따라야만 합니다."

넬리 크로즈(Kroes, Neelie)

네덜란드 로테르담에서 1941년 7월 19일 태어난 넬리 크로즈는 네덜란드 자유민주주의당 소속 정치인이다. 넬리는 2004년부터 2010년 사이에 '컨페티션'에 대한 유럽위원이었고, 2010년 이후엔 '디지털 아젠다' 유럽위원으로 활동했다.

넬리 크로즈는 네덜란드 국회의원이었으며, 네덜란드 운송과 노동, 수자원관리부 장관을 역임했고 다국적기업 의원 이사회의 멤버가 되었다.

넬리는 로테르담에 있는 프로테스탄트 문법학교에 다녔다. 이후에는 프로테스탄트 고등학교에 진학했고, 1958년에 이르러 넬리는 로테르담에 있는 Erasmus대학에서 경제학을 전공했다.

1961년 넬리는 RVSV라고 불리는 로테르담 최대의 여학생클럽 멤버가 되었고, 대학위원회에 멤버로 선출되었다.

1965년 경제과학 분야 석사 학위 취득 후에 넬리는 대학에서 경제학부 연구원으로 재직하는 동안 VVD 내에서 여성의 조직에 관여했는데, 같은 기간 동안 넬리는 아버지가 운영하는 중장비운송업체 ZwaTra 이사회의 멤버가 되기도 했다.

1971년 넬리는 하원에 진출하는데 성공하며 의회에서 교육 대변인이 되었는데 1977년까지 의회 활동을 계속 했다. 그리고 VAN Agt.의 첫 번째 내각의 교통 및 공공 물 관리를 위한 주무장관이 되었는 데, 우편 및 전화 서비스, 전송분야에서도 활동했다.

1981년 넬리는 하원 생활을 이어갔는데 넬리의 당(黨)과 VVD 측은 넬리의 의견과 반대 입장이었던 바, 1982년 넬리는 Lubber의 1기와 2기 내각으로 복귀하면서 1989년까지 교통, 공공 및 물 관리에 대한 주무 부서 장관이 되었다.

한편, 넬리는 1989년 국방부 장관으로 지명받자 이를 거부하기도 했다.

장관직을 마치고 넬리는 로테르담 상공회의소의 멤버가 되었는데, 더 나아가서 네덜란드 철도회사인 'Nederlandse Spoorwegen' 이사회를 비롯하여 맥도널드 네덜란드, 네드로이드, 투자은행인 NIB, 연금기금 ABP와 PGGM의 공동 자회사인 ABP-PGGM 캐피털 홀딩스 N.V., 운송사 발라스트 네담의 이사회 활동을 이어갔다.

1991년 넬리는 사립경영대학원 Nyenrode 대학의 위원장이 되었다. 이 기간 동안 넬리는 VVD(네덜란드語 : Volkspartij voor Vrijheid en Democratie)의 과학분과 및 텔더 재단 자문위원회 활동을 이어갔다.

포브스지는 세계에서 가장 힘 있는 여성 100명을 선정하면서 넬리 크로즈를 수차례 목록에 포함시켰는데, 2009년에는 53번째로, 2008년에는 47번째, 2007년엔 59번째, 2006년엔 38번째, 2005년엔 44번째였다.

넬리 크로즈는 때때로 니켈 금속처럼 강하다고 해서 '니켈(Nickel Neelie) 넬리' 또는 강철같이 강하다고 해서 '스틸리(Steely Neelie) 넬리'라고 불린다. 넬리는 자신의 닉네임을 영국의 '철의 여인' 마가렛 대처 前 수상의 경우처럼 불리게 되었는데, 경쟁 문제를 다루는데 있어서 두 사람이 비슷했기 때문이었다.

• • •

"나는 아이리시 사람들을 포함하여 인터넷을 전혀 사용해본 적이 없는 1억 5천만 명의 유럽인들이 디지털 시대를 맞이해서 스킬을 배우길 원합니다."

• • •

"디지털 스킬은 모든 게 가능합니다. 의사는 환자의 심장박동을 진료하기 위해 스마트폰을 사용하고요, 로봇은 우리의 수명 연장을 위해 프로그램을 구체적으로 짜줄 겁니다. 의료진들이 환자를 돌보는 시간을 줄여준다는 이야기입니다. 만약 이런 일들이 여러분 자신의 건강과 일상, 죽음에 직결된 문제라고 여긴다면 ICT가 바라보는 초점입니다. 나는 여러분들이 그로 인해서 이익을 얻고 있다는 것을 확신하기를 바랍니다."

모 소프트웨어 업체의 불공정 거래에 대한 조사에 임하는 가치를 이야기하며 넬리는 "우리는 규칙을 따라야만 합니다."라고 말했다. 다국적

기업의 일에 대해서도 규칙과 소신을 중시하는 넬리의 모습을 보여준다.

MIND 6 RULE

여성의 사회 진출이 활발해지면서 대기업 임원에 오르는 여성들의 수가 늘어났다. 그러나 전체적인 비율로 볼 때, 그 수는 아직도 미미한 수준인데, 이런 사회 구조 때문에라도 여성들은 남녀 간의 평등 구조가 있다고 생각되는 공무원 분야에 눈을 돌렸고, 행정직 공무원을 비롯하여 사법부에 판사, 검사, 변호사로 진출하는 여성들이 증가하고 있다.

이는 바로 룰의 장점으로 설명될 수 있다.

사회경제 활동에서 기업의 경우 회사 운영진과 이사회 구성원들에 의해 규정과 규칙이 비롯되는 반면, 국가공무원의 경우 입법부 국회를 통해 결정된 법률에 의해 모든 규칙이 적용되기 때문이다.

여성들은 국가 공무원 분야로 진출하여 국가의 룰(=법)에 따라 활동 영역에 관한 보장을 받는 게 유리하다. 직장 상사 등의 개별적 지위에 의해 부여되는 업무가 아니라 국가의 법으로 지정된 업무를 담당하면서 업무에 따른 권한 보장과 신분의 보호를 인정받을 수 있기 때문이다.

여성의 도전은 그래서 '룰'에 의해 운영되는 분야가 유리하다.
'남자'와 '여자'라는 성(性)적 차이를 사회활동의 불평등한 소재로 만들지 않는 대신 공통된 룰에 의해 운영되는 사회분야가 여성에게 더욱 유리하다는 뜻이다. 또한 룰을 지키는 여성에게 룰 그 자체가 경쟁력이 되기 때문이다.

어려울수록 룰을 지켜라.
룰은 여성의 앞을 가로막는 수단과 장애물이 아니다.
룰은 여성을 보호하고 도와주는 흑기사이기도 하다.

룰이 어렵다고 물러서지 마라.
모든 일에는 룰이 있고, 룰은 아는 사람에게 보호막이 된다.
룰과 친해지자. 룰은 나만의 경쟁력으로 나만의 무기로 변하게 된다.

• • •

"우리는 비공식적으로 이의제기들을 받았습니다. 그리고 지금 우리는 우리에게 이의제기를 한 그들을 살펴볼 것입니다. 우리는 기다리지 않을 것이며 아무것도 하지 않는 일은 없을 것입니다."

• • •

"나는 유럽의 산업과 소비자를 보호하기 위한 경쟁에 관한 법률을 결정했습니다."

• • •

"당신이 생각하기에 따라서 이걸 부드러운 경고쯤으로 받아들일 수 있습니다만, 우리는 반독점 행위를 막기 위한 시작에 있을 뿐입니다."

· · ·

"만약 그들이 어떤 새로운 것을 보이지 않는다면, 이번 미팅은 매우 짧은 미팅이 될 것입니다."

· · ·

"우리는 게임 밖에 있지 않습니다. 게임 안에 있는 우리는 어떤 일이 일어나는지 따라갈 뿐입니다."

넬리는 글로벌 다국적 기업의 반독점행위에 대해 조사를 시작하면서 자신에게 쏟아지는 무수한 이야기들을 이와 같이 룰 하나로 정리하며 대응했다. 자신의 권한 내에 있는 룰을 적용하며 일을 하자 다른 사람들은 넬리의 경쟁 상대가 되지 못했던 것이다.

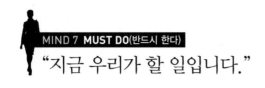

"지금 우리가 할 일입니다."

패트리샤 루쏘(Russo, Patricia)

1953년 뉴저지 트렌톤 태생의 패트리샤 루쏘는 루슨트테크
놀로지 및 그 뒤를 이은 통신장비 제조업체 알카텔루슨트의 대표이사로
많이 알려진 미국의 비즈니스우먼이다. 미국의 포브스지는 2006년 세계
에서 가장 힘 있는 여성 가운데 그녀를 10위에 올렸다.

루쏘는 1982년 루슨트에 합류했다. 그리고 10년이 지난 1992년에는
비즈니스 커뮤니케이션시스템 사장으로 취임했고, 1997년에는 회사 전략
담당 수석 부사장이 되었다. 그리고 1999년에는 서비스프로바이어 네트
워크그룹 담당 수석 부사장 겸 대표이사 자리에 올랐다.

2000년 8월 조직 개편 이후 루슨트를 떠난 루쏘는 2002년 1월 대표이
사로서 다시 복귀했는데, 비용절감 및 무선장비 판매에 집중한 이후 루쏘
는 2004년부터 루슨트가 수익을 낼 수 있게 했다. 3년 동안 적자에 허덕
인 루슨트를 반전시킨 것이다.

2006년 4월 2일, 루쏘는 프랑스 통신업체인 알카텔과 루슨트의 합병
에 따라서 합병회사의 대표이사가 되었다.
2008년 7월 29일, 루쏘는 알카텔 루슨트 회장 '세르게 츄룩'과 함께

2008년 말에 넓은 의미의 구조조정에 따라 사임한다고 발표했다. 그리고 회사 이사회의 중요한 변화가 동시에 발표되었는데 알카텔 루슨트 주식 가치는 60% 이상의 가치를 손해 봤다는 내용이었다. 루쏘가 대표이사가 된 이후의 상황에 대한 발표에서 루쏘는 이런 이야기를 했다.

· · ·

"급속도로 변화하는 글로벌 시장에서 알카텔루슨트가 성장과 발전을 이루려면 신선하고 독립적인 시각을 지닌 새로운 이사회가 새로운 리더십으로 구성되어야 도움될 것입니다."

이후에 루쏘는 루슨트의 CEO로 복귀하기까지 이스턴 코닥의 COO로서 2002년 1월까지 9개월을 보냈다.

그리고 2009년 7월 23일, 제너럴모터스는 루쏘를 회사 이사회 새로운 멤버로 영입한다고 발표했다.

루쏘는 섬유가게에서 처음 직장생활을 했다. 원단을 자르고 제품을 팔면서 말이다. 루쏘는 1973년까지 조오지타운 대학에서 정치과학과 역사를 전공했다. 1989년 하버드 대학에서 고급 경영자 프로그램을 이수했다.

루쏘는 한번은 복권에 당첨된 적이 있다. 루쏘의 아버지는 아이들 이름을 따서 하나씩 7장의 복권을 샀는데 루쏘의 이름으로 산 복권이 5천 달러에 당첨된 것이다. 물론, 이 당첨금은 루쏘가 대학교에 다니는 비용으로 썼다. 루쏘의 노력에 하늘이 주는 선물이 아니었을까?

· · ·

"기술적인 면은 빼더라도 그걸 이해하는 가장 좋은 방법은 여러분이 얼마나 통신하고 있는지 보는 것이다. 집전화나 휴대전화든 말이다. 무엇이 됐건 간에 통신 인프라가 필요하다는 점이다. 우리가 하는 일은 발명하고 디자인하고 개발하고 만드는 것이다. 그리고 필요한 장비들을 가져가서 통신이 가능하게 만드는 일이다."

· · ·

"나는 많은 일을 한다. 그래서, 나는 많은 시간을 고객들과 함께 하는데, 판매에 대해 이야기했듯이 고객들이 확신하게 하기 위해서 나는 그들이 다루는 이슈를 듣고 이해하는데 많은 시간을 사용한다. 그들은 자신들의 문제를 우리가 어떻게 풀어줄 것인지 알고 싶어 하기 때문이다."

· · ·

"그래서 나는 상대적으로 높은 수준에서 내 시간을 사용한다. 회사의 대표로서 우리가 전달하고자 하는 결과를 만들기 위한 모든 수단을 강구한다는 걸 확신키기 위해서 말이다."

어떤 일에 도전을 할 때는 항상 장애물이 생기기 마련이다.

입사시험을 보기 위해 시험장에 가야하는데, 평소에 잘 다니던 버스가 고장이 나서 운행을 못하기도 하고 택시를 타고 가는데 접촉사고가 나서 시간이 지체될 위험도 생긴다. 내가 하는 일에 세상은 항상 장애를 던져준다. 그렇게 느낀다.

그런데 우리가 장애를 만나더라도 반드시 해야 하는 일이 있다.

단어로 정의하자면 MUST DO에 해당되는 '반드시 해야 하는 일'이란 무엇일까? 시험장에 가서 시험에 통과해야만 합격 여부를 알 수 있을 때 우리가 해야 하는 MUST DO는 시험장에서 시험을 보는 일이다.

우리가 해야만 하는 일 앞에서 장애가 생겼다고 시험을 포기할 것인가?

우리가 시험을 못 보게 된 이유를, 시험을 보기도 전에 탈락한 이유를 어디에 댈 것인가?

우리가 해야 할 MUST DO 시험을 보기 위해 우리는 뛰어서라도 가거나 지나가는 차를 세우고 태워달라고 하던가 해야 한다. 아니면 퀵서비스 오토바이라도 불러서 뒤에 타고 가야 한다.

마찬가지이다. 회사 업무를 하면서 겪는 일 가운데 가장 많은 부분이 바로 이 장애에 대한 MUST DO 태도이다.

A라는 상품을 만드는데 B라는 재료가 꼭 필요할 경우가 있다.

또한 B재료를 구했는데, C라는 사건이 터져서 B재료를 배송하는 게 불가능하게 보일 때가 있다.

어떻게 할 것인가? 우리의 MUST DO는 A를 만들기 위해 B를 반드시 제시간 안에 공급해야 한다는 일이라면?

렌터카를 빌려서 자신이 직접 B를 들고 가는 방법도 있다.
들고 뛰거나 택시를 타는 방법도 있다.

방법은 무엇이든 좋다.
우리에게 주어진 MUST DO를 해야만 한다.
당신이 해야만 하는 것이란 당신도 충분히 할 수 있다는 뜻이다.

· · ·

"글쎄요. 나는 여러분이 세계 각지의 새로운 고객을 만나고 여러 지식을 습득하며 항상 새로워지는 것에는 유사한 점도 많지만 그것들 자체가 다르다고도 생각합니다. 새로 성장하는 시장이나 현재의 시장을 개발하는데 차이가 있는 것처럼 말이죠. 예를 들면, 필요를 느낀다는 건 저마다 다르다는 뜻입니다. 여러분이 항상 새로운 느낌을 가지려면 밖으로 나가서 고객들과 이야기하는 것인데, 다른 업계의 다른 사람들과 이야기를 해야만 한다는 점입니다. 나는 연구실에서 사람들과 대화를 많이 합니다. 내 말뜻은 우리가 지속적으로 창조적이며 혁신적인 생각을 할 줄 아는 똑똑한 사람들을 갖고 있다는 뜻이며 나는 그런 사람들과 시간을 보낸다는 뜻입니다. 나는 항상 새롭고 색다른 것들에 관심이 많고 아이디어와 생각하기를 좋아합니다."

• • •

"나는 항상 기억하려고 노력합니다. 매일 그것을 보고 내 기억을 되새 깁니다. 여러분들은 아마 그것을 읽을 것인데요, 난 그것을 매일 지나칩 니다."

루쏘는 복권이 당첨되었을 때 그 돈을 대학등록금으로 사용했는데 루 쏘에게 반드시 해야 할 일이란 공부였기 때문이다. 루쏘는 공부를 하는 방법도 달랐다. 다른 사람들은 읽으려고 하는 동안 루쏘는 매일 지나치는 방식으로 기억했다. 익숙하면 기억된다. 새로운 내용은 머릿속에 잘 들어 오지 않는다. 읽기에 부족하면 경험하는 것이다.

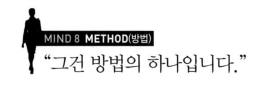

"그건 방법의 하나입니다."

앤마리 이드락(Idrac, Anne-Marie)

앤마리는 프랑스 정부에서 버스와 지하철 시스 템을 담당하는 교통 분야 국무장관으로 10년 이상 근무했다. 그러나 앤마리의 전임자의 에어버스 인수 건으로 말썽이 일었을 때, 앤마리는 고속 TGV열차를 비롯해서 프랑스 국영철도에 대한 업무를 내려놓아야 했다.

앤마리는 일을 하면서 고위직과 다툼에 직면했던 적이 있는데 2020년까지 화석연료를 제거하기로 한 당시 프랑스 자크 시라크 대통령의 목표에 직면하면서 노동조합을 설득해야 했고, 이로 인해 철도 화물 운송 비즈니스도 전환점을 맞이하게 된 것이다.

국립행정학교와 프랑스 파리 정치연구원을 졸업한 앤마리는 1974년부터 1995년까지 환경, 주택, 도시화, 교통 드의 프랑스 공공 분야 주무 장관으로 다양한 분야에서 시 행정을 담당했다.

앤마리는 1990년부터 1993년 사이에 농촌 개발 공공지원 분야를 담당하는 본부장을 역임했으며, 육로 운송을 담당하던 1995년, 앤마리는 시 행정을 통해 유명세를 얻게 되면서 교통 국무장관의 자리를 맡으라는 정부의 요청을 받게 된다. 이에 앤마리는 REF를 만들면서 SNCF의 부채를

청산하게 이끈 1996년 입법 개혁을 만들어냈다. SNCF는 프랑스에서 가장 큰 국영 기업 가운데 하나로 한 해 매출은 26억 달러(원화 약 2조 6천억원)에 이른다.

· · ·

"네. 그건 방법의 하나입니다. 모든 사람들은 이런 토론들이 꽤 오래 걸린다는 걸 압니다."

· · ·

"방법이 중요합니다. 리폼의 방법이 중요합니다."

· · ·

"여러분들이 아는 것처럼, 문제들은 글로벌화되고 상호 연결되어 있다는 게 중요합니다."

· · ·

"물론 잘 알려지고 대부분을 차지하는 시장은 큰 회사들이 만들어갑니다. 그러나 나는 대기업과 중소 공급자 사이에는 연결고리가 있다고 생각합니다."

MIND 8 　 **METHOD**

글로벌 여성 리더의 성공을 만들어준 멘토 'MIND' 가운데 하나는 바로 '방법(METHOD)'이다. '방법' 또는 '방식'이란 글자 그대로 일을 해내는 지식을 말한다.

예를 들어 내 앞에 커다란 구덩이가 파여 있을 때, 앞으로 가는 걸 포기하기보다는 사다리를 가져오던가 아니면 구덩이 옆으로 걸어갈 공간을 찾던가 건너갈 방법을 찾아야 한다는 뜻이다.

방법은 사다리 또는 자동차 등을 사용하는 도구의 방법도 있지만 어떤 일에 대해서는 사람과 사람이 만나서 업무 영역 내에서 해결하는 '방법'도 있다. 업무를 통해 해결하는 방법은 도구를 통해 해결하는 방법보다 훨씬 경제적이고 효율적이다.

도전할 목표가 어려운가?
업무를 해낼 능력이 부족한가?
되돌아서고 싶은 어려운 일을 만났는가?

지금 당장 되돌아서긴 쉽다.
발걸음을 멈추고 오던 길을 되돌아가거나 방향을 바꿔서 모른 체하고 딴짓에 열중할 수 있다. 하지만 정말 그것을 원하는가?

지금까지 도전하는 목표에 대해 불가능할 것처럼 보이는 어려움이 생겼다고 모든 걸 포기하려는가? 되돌아서고, 피하고, 딴짓하고, 모른 체하기는 쉽다.
쉽다는 건 언제라도 할 수 있다는 뜻이다.

그렇다면 조금만 더 방법을 찾아보라.

언제라도 할 수 있는 '포기'를 지금 해야 할 필요는 없다.

포기하기 전에, 되돌아서기 전에, 방법을 찾자.

사람을 찾고, 아이디어를 찾자.

성공의 여신이 당신 바로 앞에서 당신이 찾기만 하면 바로 건넬 방법을 들고 있다.

· · ·

"새로운 비전을 위해서 중요합니다. 거래의 다변화를 위해 매우 중요합니다. 인간의 관점에서 매우 흥미로운 부분입니다. 여러분이 함께 거래하는 사람들을 볼 때 정말 매우 즐겁습니다."

· · ·

"무엇보다도 미국 오바마 대통령의 당선은 혁신이고, 젊음이며 혁명의 어떤 정치적인 상징입니다. 그리고 세계의 모든 사람들이 그렇게 느낍니다. 나는 프랑스 이외의 국가에서 ⅔ 이상의 시간을 머무는데, 가는 나라마다 같은 느낌을 받습니다."

· · ·

"40세 이후의 나 자신을 위한 여행이 있습니다. 쉽진 않았죠. 정말 쉽진 않았죠. 프랑스에 있을 때는 우리는 법률에 있어서나 모든 것에 대해 운이 좋다고 여깁니다. 저는 개인적으로 여성의 방향에 대해 의무감을 느낍니다. 특히, 평등에 대해 의문을 품는 어린 여성들에 대해 그렇습니다.

물론 엄마로 살아가는 여성이나 사회에서 일을 하는 여성에게도 어렵습니다. 그래서 저는 개혁을 권장합니다."

앤마리는 토론조차 방법으로 사용하고, 모든 문제들은 서로 연결되어 있다고 생각하며 연결고리를 풀 방법을 생각하고자 했다. 일을 하면서 리더가 될수록 모든 문제는 누구에게나 공평하게 나타난다. 그러나 그 결과가 다른 이유는 방법을 찾은 사람과 그렇지 못한 사람으로 나뉘기 때문이다.

"도움 청하기를 두려워하지 말라!"

뎁 헨리타(Henretta, Deb)

1961년 5월 1일, 미국 뉴욕 로체스터 출생인 뎁은 2007년 1월 이후 프록터앤갬블 아시아 담당 사장으로 아세안, 호주, 인디아를 담당한다.

뎁은 1983년 세인트 보나벤처 대학에서 매스커뮤니케이션 학사 학위를 취득하고, 1985년 시라큐스 대학 뉴하우스통신학교에서 광고 리서치를 전공, 석사를 취득했다. 오하이오 신시네티에 소재한 세인트 보나벤처 대학 재단 이사회 멤버였고, 스프린트코포레이션 PCS그룹과 스프린트 코포레이션 폰그룹의 이사회 일원이다.

2004년 3월 이후엔 싱가폴 경제발전위원회 이사로 활동했으며 2005년 9월 2일 이후엔 프록터앤갬블 위생 및 건강관리 회사의 어디셔널 디렉터였고 2005년 10월 26일 이후엔 질레트 인도 법인의 이사였다.

뎁은 펜틴, 오레이, 질레트 등의 100개 브랜드를 지닌 140억 달러 사업 규모의 프록터앤갬블 아시아 담당 사장이기도 하다.

2005년 뎁은 거주지를 아시아로 이주한 이후, 판매 및 이익을 4년 연속 성장시켰다. 뎁은 하나의 아시아에서 적합한 디자인을 구상하면서 아시아 지역에서 P&G의 포트폴리오를 완성하기에 노력을 하고 있다.

특히 뎁은 피엔지의 연구개발센터를 북경에 두는 것을 비롯하여 싱가폴에 글로벌 향수 공장을, 베트남과 인도에 다품종 공장들을 세우는 등 피엔지의 연구 개발과 아시아 지역에서의 생산면적을 증가시켰다.

MIND 9   HELP

어떤 일을 할 때, 혼자서 해야 한다는 강박관념에 빠질 때가 있다.
내 주위에 모든 사람들이 내 경쟁자이므로 이번 일은 나 혼자서,
어렵더라도 내가 이겨내야 하는 나만의 문제라고 착각한다.

그러나 어떤 문제이건 혼자서 해결하는 일은 거의 없다.

약속 시간이 늦어 차를 타야한다고 할 순간을 비교해 보자.
내 약속이고, 내가 지켜야 하는 약속시간일 뿐인가?
그렇다면 차는 누가 만들었는가?
차도 내가 만들었는가?
아니다.

차를 운전할 때를 떠올려보자.
외딴 도로에서 차가 갑자기 고장났다.
중요한 비즈니스 미팅이 있는데 시간이 촉박하다.

이 경우, 나 혼자 직접 차를 고쳐서 타고 가는가?

내 문제이므로 내가 고쳐야 하는가?

아니다.

일을 한다는 것은 나 혼자 해서 개인의 능력을 보여주는 것이 아니다.

거래처가 있는가?

거래처를 관리하는 게 내 일이라면 내가 거래처 일까지 다 하는 것이라고

생각하는가?

아니다.

내 앞에 생긴 문제, 내가 겪는 어려움은 나 혼자만의 것이 아니다.

나 혼자만의 어려움이 아니다.

문제가 생겼으니 도와달라고 요청하자.

내 혼자 감당하기 어려우니 도와달라고 말하자.

도와달라고 하고, 도움을 얻는 것도 그 사람의 능력이다.

도움을 요청하는데 망설이지 말자.

뎁은 싱가폴 경제개발 위원회 이사회 멤버이며, 싱가폴을 향한 투자기회와 성장촉진을 위한 업무를 담당하는 싱가폴 경제전략위원회에서 일한다. 뎁은 APEC 사업자문위원회 미국 대표 3인 중 한 명이며, 무역자유위원회의 공동 의장이기도 하다.

2009년 포브스지가 선정한 세계에서 가장 힘 있는 여성 100인에 이름을 올렸으며, 2008년엔 포춘인터내셔널지가 선정한 경제 분야에서 가장 힘 있는 여성에 포함되었다.

1985년에 피엔지 마케팅 어시스턴트로 시작했으며, 2001년엔 글로벌 베이비케어 담당 사장이 되었다. 뎁이 아시아 담당 사장이 된 계기는 십 년 동안 침체에 빠진 피엔지의 팸퍼스 브랜드를 70억 달러 규모의 사업으로 키워냈기 때문이었다.

뎁은 결혼 후 3명의 자녀를 두었으며 자선단체와 교육단체에서도 활발한 활동을 하고 있다.

· · ·

"당신은 그걸 모두 가질 수 있다. 그러나 한 번에 다 가질 수는 없다."

· · ·

"당신이 사랑하는 일을 하라, 그리고 당신은 그걸 하면서 성공할 것이다."

· · ·

"도움 청하기를 두려워하지 말라."

뎁은 도움 청하기를 두려워하지 말라고 말한다. 내가 어려울 때 다른 사람들에게 도움을 청해야 남들이 도와준다. 내 어려움이라고 나 혼자 숨기고 말을 안 하면 그건 이해할 수 있는 일이 아니라 나쁜 일을 하는 것과 같다.

회사에서 공동의 목표를 위해 일을 한다고 생각하자. 내가 맡은 업무가 어려운데 다른 사람들에게 도움을 요청하지 않고 나 혼자 해결하려고 했다면 반드시 문제가 생긴다. 납품일자가 늦어질 우려가 있고, 상품이 제대로 출시 못할 수도 있다. 나 혼자의 어려움이니까 나 혼자 해결하려고 했다가 생기는 큰 문제들이다.

수학문제를 풀다가 어려우면 혼자 푸는 게 아니다. 선생님이나 주위 수학을 잘 아는 사람에게 방법을 알려달라고 도움 요청하는 것이 맞다. 내게 생긴 문제인데 답을 찾기 어려워서 혼자 고민하는 중인가? 지금 즉시 답을 아는 사람에게 도움 요청을 하자. 직장 상사에게 동료에게 내 옆 친구에게 도움을 요청하자. 그래야 나중에 더 큰 어려움을 막을 수 있다.

나중에 생기는 어려움은 직장상사와 직장동료들에게도 피해가 갈 수 있다. 친구에게 피해를 줄 수도 있다. 내게 생긴 어려움이라고 해서 나 혼자 감당하고 풀어야 하는 어려움이 아닌 이유인 것이다.

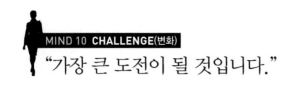

"가장 큰 도전이 될 것입니다."

마리 마(Ma, Mary)

중국에서 개인용 컴퓨터 제조업체 가운데 가장 큰 업체의 수석 임원으로서, 마리는 2005년 17억 5천만 달러에 이르는 IBM PC부문 인수 건을 주도했다. 이로 인해서 레노보는 4배가 성장했고 중국의 주요 회사라는 국제적 인지도를 얻었다. 싱크패드와 싱크센터 생산 라인을 확보하면서 레노보는 세계 3위 규모의 PC공급자가 되었으며, 마리는 레노보의 재정, 법적 업무를 담당하는 책임자가 되었다.

마리는 1976년 캐피털노멀대학에 학사 학위를 취득했고, 재정 담당 및 경영진으로서 27년 이상의 경력을 쌓았다. 마리는 중국 현지 법인에서 최고위 여성 임원 가운데 한 명으로서 레노보의 자금담당 임원인 마리는 은퇴한 이후에도 사외부사장을 약속받았다.

이후, 2007년 레노보를 은퇴하면서 마리는 말한다.

• • •

"저 자신이 레노보가 이룬 많은 성공들의 일부분이었다는 것에 깊은 경의와 기쁨을 표합니다. 회사와 함께 한 하루하루를 이제 그만둬야겠다는 결심을 하기란 어려운 일이었습니다. 미래의 레노보를 이끌어갈 전략적 비전이 필요한데 레노보는 최고로 재능 있고 헌신할 수 있는 리더십을 갖춘 경영진이 있습니다. 제가 은퇴한다고 해서 회사를 향한 제 열정과 헌신하는 마음이 식는 것은 아닙니다. 저는 우리들의 성취에 대해 최고의 자부심을 갖고 있으며 더 많은 것을 기대를 합니다."

근 30년간의 재정 분야 운영 경력을 가진 마리의 시작은 1990년 레노보 입사였다. 1997년에 회사 이사회 멤버가 되었고 2000년에 회사 재정 담당 임원이 되었다. 중국에서 공개된 상장기업들을 위해 마리는 재정 보고와 재정의 투명성에 대해 표준을 설정하는 업무를 담당하며 이름이 알려졌다. 마리는 파이낸스아시아지가 선정한 최고의 재정 담당 임원 으로 인정받았고, 포브스지와 포춘지에 의해 선도적인 비즈니스 여성으로 인정받았다.

2010년 8월 마리가 모 인터뷰에서 꺼낸 이야기이다.

• • •

"중국 회사들은 우리가 생각하는 것보다 더 많이 해외 투자에 잘 준비되어 있습니다. 중국 밖 사람들은 종종 지난 10년~20년 동안 개인 컴퓨터 산업을 보호했다고 생각합니다만, 그것은 사실이 아닙니다."

• • •

"50년 전에는, 중국 정부는 정보기술산업을 보호했습니다. 그 당시엔 계획경제 시스템이었거든요. 중국 기업들은 허가를 받지 않고는 컴퓨터를 만들 수 없었죠. 그리고 다른 나라에서 만들어서 중국으로 가져올 경

우 45~50% 관세까지 지불해야 했습니다. 그 결과, 허가를 얻은 중국회
사들은 중국 내 경쟁에서 상당한 우위를 가졌죠. 그런데 그 보호시스템이
없어지고 중국 기업들은 갑자기 시스템 밖으로 나옵니다. 중국 기업들은
중국 내에서 외국 기업들과 경쟁해야했죠."

• • •

"중국의 IT기업들과 고기술 회사들은 완전 경쟁 환경에서 성장하는 법
을 빨리 배워야했죠. 그래서 효율적인 전략 안에서 힘을 키울 수 있었고
요. 결국 몇몇 중국 기업들은 세계 무대로 진출할 때 매우 강한 경쟁력을
갖추게 되었습니다."

• • •

"회사가 병합되면서 회사문화가 하나가 된다는 건 가장 큰 도전이 될
겁니다. 회사를 인수한 측은 기존 회사가 필요로 했던 문화에 비해 다른
문화를 강요한다는 걸 의미하진 않습니다. 그건 다른 이야기거든요. 그
대신, 동서양의 차이점이나 다른 기업문화가 결합되어 나타나는 효율에
직면하게 될 겁니다. 동서양 문화의 차이점이 하나의 동일성으로 만들어
지는 과정은 병합 초창기에 나타날 것인데요, 사람들이 상호 교류할 수
있도록 하는 가장 기초적인 방법이 중요하게 됩니다."

MIND 10 CHALLENGE

도전(CHALLENGE)이란 우리가 살아있다는 걸 느낄 수 있는 가장 아름다
운 시간이다. 도전을 하면서 역사가 이어지고, 도전을 하면서 일의 성공이

생긴다.

아무 도전도 하지 않으면 아무 일도 일어나지 않는다.

회사에 입사하려면 입사시험이라는 도전을 해야 한다.

사업가가 되려면 회사 대표가 되는 도전을 해야 한다.

도전이란 일의 성공을 기대할 수 있는 시작이다.

도전은 여러 모습으로 다가온다. 그리고 도전은 '경쟁'을 동반한다.

공무원 시험에 도전하는 것으로 경쟁해야 하고 올림픽에서 우승에 도전한

다는 것도 수많은 선수들과 경쟁에서 이겨야 한다.

도전이란 그래서 외부의 경쟁에 맞서 내 실력을 판가름 받는 계기가 된다.

도전함으로써 얻는 승리라는 성취의 달콤한 열매가 있는 반면에 도전의 결

과, 실패라는 쓰디쓴 인내의 시간도 가져야 한다.

그러나 도전을 해야만 성취할 수 있고, 도전을 해야만 꿈을 이룰 수 있다.

내가 진정으로 원하는 목표에 이르기 위해 정정당당한 실력을 판가름 받아

경쟁의 무대에 서서 이기는 결과를 얻기 위해 도전은 항상 이어진다.

도전의 결과로 실패할까봐 두려워서 도전을 안 한다는 것은 바보 같은 행

동이다. 도전을 함으로써 얻는 실패도 성공의 밑거름으로 쓰인다.

헛된 도전이 아니라 도전 그 자체로서 가치를 지닌다는 뜻이다.

도전 앞에 반드시 해야 할 것은 철저한 준비이다.

준비 없는 도전은 시간 낭비에 해당하고, 성공을 떠나보내는 어리석은 행동일 뿐이다.

• • •

"예를 들어, 동양에서는 교육시스템과 가정과 사회, 젊은이들의 마인드와 행동 방식이 서양과는 전혀 다릅니다. 심지어 오늘도 5살부터 25살까지 학생들은 교실에 앉아있습니다. 선생님의 말씀에 귀를 기울이며 말이죠. 선생님 말씀이 너무 빨라서 못 알아들었을 때도 학생들은 질문을 하지 않습니다. 그러나 서양의 교실은 매우 자유롭죠. 학생들은 교실에서 뭘 먹기도 하고, 책상에 앉기도 하며 선생님들과 논쟁도 합니다."

• • •

"그런 차이점들은 중국인과 미국인이 비즈니스 미팅을 할 때도 나타납니다. 미국친구들은 더 자유롭게 이야기하려고 하는 반면에 중국인들은 조용히 앉아서 생각을 하죠. 그리고 더 생각을 합니다. 그들의 생각이 정리된 다음에야 프리젠테이션을 준비합니다. 많은 중국 기업들은 이와 같은 문화의 통합에 대해 얼마나 많은 시간이 필요할지 여전히 깨닫지 못하고 있습니다."

• • •

"중국기업들에게 가장 중요한 것은 자국시장 내에서 성장해야 하며 강해져야 한다는 것입니다. 가장 큰 이유는 해외 성장에 실패하더라도 국내에서 몸집을 조절할 수 있기 때문입니다. 그렇지 않으면 국제적인 규모의 기업 조직을 경영할 때 필요로 하는 전략적인 생각이 부족할 수 있습니다. 넓고 깊은 경험을 지닌 경영자가 부족할 것입니다."

• • •

"이건 순전히 규모의 문제입니다. 작은 회사의 경영은 글로벌 규모의 조직 전략을 생각할 필요가 없습니다. 수백 명에 달하는 사람들과 경영자들을 고용할 필요도 없죠. 레노보의 경영은 중국 내에서 우리의 성공을 이어갈 수 있다는 걸 의미합니다. 게다가 우리가 필요로 하는 곳 어디에라도 경영자들을 보낼 수 있다는 뜻입니다. 물론 언어장벽이 없다는 조건이 붙지만요."

• • •

"중국은 경험을 쌓을 수 있는 장소입니다. 회사가 큰 이점을 갖는 것과 같습니다. 경쟁이 치열할지라도 경영자들은 시장이 좋다는 걸 압니다. 그들이 원한다면 무엇이든 할 수 있다는 뜻이죠."

• • •

"어떤 경영 여건에서 중국은 사업을 시작하기에 좋은 장소는 아닙니다. 예를 들어서 태양열 패널의 경우, 소수의 중국회사가 큰 규모를 갖고 있습니다만 중국 내 관련 시장 규모가 크지 않다는게 문제죠. 그런 회사들은 반드시 해외 진출을 먼저 해야 합니다."

마리는 도전을 이야기하면서 중국기업들의 해외시장 도전을 설명한다. 해외시장 도전은 반드시 해야 하는 것이지만, 충분하고 안정된 국내

기반이 없다면 해외시장 도전은 불가능하다고 받아들여진다.

우리는 지금 어떤 도전을 하고 있는가?

시험에 도전하여 합격하기 위해서는 충분한 공부로 준비되어야 한다. 회사에 취직하기 위해 입사시험에 도전하기 위해서는 회사에서 요구하는 기본 자질과 실력을 갖춰야 한다.

도전 앞에 반드시 준비가 필요하다는 사실이다.

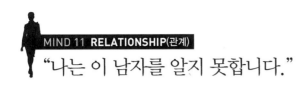

MIND 11 **RELATIONSHIP**(관계)

"나는 이 남자를 알지 못합니다."

마리 스카피로(Schapiro, Mary)

1955년생인 '마리 스카피로'는 미국증권거래위원회 제29대 위원장이다. 2008년 12월 18일 대통령 당선인 버락 오바마에 의해 후보자에 이름을 올린 후 2009년 1월 20일 공식적으로 지명되었다.

마리는 2009년 1월 26일 상원에서 열린 투표를 통해 정식 승인되었는데, 마리는 위원장과 금융산업규제당국의 대표로서 그리고 브로커와 딜러들의 증권계 자율규제조직과 빌 클린턴, 조지 부시, 로널드 레이건 행정부에서 금융서비스 조정가로서 다양한 역할을 수행했다.

마리 스카피로는 미국증권거래위원회 최초의 여성 위원장으로, 2009년 포브스지가 선정한 가장 힘 있는 여성 5위에 이름을 올렸다.

마리는 뉴욕에서 태어나서 1977년 프랭클린 마샬컬리지를 졸업했다. 그리고 1980년 조지워싱턴대학 로스쿨에서 법학 박사 학위를 취득했으며 1988년 로널드 레이건 대통령에 의해 증권거래위원회에 할당된 1, 2개의 민주당 좌석을 채우기 위해 지명되었다. 1989년 조지 부시 대통령은 마리를 이 자리에 재임명했고, 빌 클린턴 대통령은 1994년 선물거래위원회 의장으로 임명했다.

1990년 7월, 당시 증권거래위원회 위원이었던 마리는 행정기록 태스크포스팀의 의장으로 임명되어 1993년 3월 최종 보고서를 완성하면서 '공정하고 효율적인 행정기록 실행 규정'을 발간했다. 1995년 6월 9일에는 증권거래위원회의 지침으로 채택되기도 했다.

1996년에 마리는 국립증권딜러협회(현, 금융산업규제당국)에 합류했고, 2002년에는 부위원장이 되었으며 2006년에는 위원장 겸 CEO가 되었다. 마리는 CEO가 된 이후, 금융산업규제기관을 만들고 뉴욕증권거래소 회원규정과 통합을 시켰다.

마리는 듀크 에너지와 크래프트식품 이사회의 멤버가 되었고, 2008년 1월 조지 부시 대통령은 마리를 금융교육에 관한 대통령 자문위원회 위원으로 임명했으며 같은 해에 마리는 인베스트 어드바이저지가 선정한 투자자문 비즈니스계의 가장 영향력 있는 25명에 이름을 올렸다.

2009년이 되어, 마리의 지시를 받은 증권거래위원회는 아메리카은행을 상대로 소송을 제기했는데, 아메리카은행이 메릴린치증권을 인수하기 바로 직전에 메릴린치 임원진에게 보너스를 지급한 건에 대해서였다. 이에 대해, 미국 지방법원 판사 제드 락오프는 3천3백만 달러에 이르는 벌금을 부과하면서 "정의와 도덕의 기초 개념과도 맞지 않는다."고 판시했다.

2009년 6월 17일, 버나드 매도프는 증권거래위원회 조사관 데이비드 컷츠와 인터뷰를 가지면서 마리를 가리켜 "가까운 친구"라고 말했는데, 이 이야기를 전해들은 마리는 "그가 그렇게 생각할지도 모르지만, 나는 이 남자를 알지 못한다."고 말했다.

매도프의 이 이야기는 나중에 데이비드 컷츠에 의해 허위라는 게 밝혀졌는데, "매도프가 마리와 가까운 친구 사이였다는 증거가 없었다."고 했다.

MIND 11 **RELATIONSHIP**

'관계'란 매우 중요한 단어이다.
우리가 사회생활을 한다는 그 자체가 어느 누군가와 인간관계를 맺는다는 것과 같기 때문이다.

회사에 다니면서 직장 상사와 부하직원이란 관계를 맺을 수 있고
학교에 다니면서 선생님과 학생이란 관계를 맺을 수 있다.
관계라는 단어는 사회생활을 구성하는 사람과 사람 사이의 연결고리를 말한다. 그런데 이 관계 때문에 어느 사람은 성공을 하고, 어느 사람은 실패를 한다.

회사와 회사는 바이어(BUYER)와 셀러(SELLER)로 관계를 만든다.
회사와 회사의 관계는 일반적으로 파트너(PARTNER)라고 규정되지만 그건 정확한 구분은 아니다.

'파트너'라는 단어 대신에 사용하는 단어로 '컨소시엄' 또는 '컬레보레이션' 이라는 말이 있다. 어떤 한 가지 사업에 도전하기 위해서 한 팀을 이룬다는

컨소시엄과 어떤 한 가지 목표를 달성하고자 서로 가진 힘을 모은다는 컬레보레이션이 그것이다.

그러나 이 두 가지 모두 회사의 자체 이익에 반할 경우, 언제든 관계는 깨진다는 단점이 있다. 회사는 이윤 추구라는 목적으로 만들어진 단체이기 때문이다.

그렇다면 사람과 사람 사이의 관계는 어떨까?
우리는 회사와 회사라는 표현보다 회사 그 안에 있는 사람과 사람 사이의 관계에 더 집중해야 한다. 한 회사 내에서도 서로 다른 부서에 근무하는 사람들 사이에 관계 설정이 중요하다는 뜻이다.

예로 어떤 의류회사의 경우, 디자인기획부, 생산부, 영업판매부, 소비자상담부 등으로 구분된다면 각 부서의 직원들이 서로 업무에 대해 유기적인 관계를 맺고 소통이 원활해야만 한다.

디자인에서 의류를 기획하면 생산부에서 실제로 만들고, 영업부에서 시장에 판매하게 된다. 이때 물건을 산 고객들로부터 오는 다양한 질문과 문의는 소비자상담부에서 맡게 되는 것이다. 회사 내에 서로 다른 부서에 근무하는 사람들이 관계를 유지하고 유기적으로 움직여야 하는 이유이다.

결론적으로 관계란 어떤 도전에 있어서 반드시 필요한 준비에 해당한다.
도전을 할 때, 나 혼자 힘으로 안 된다면 반드시 주위 사람들과 도움을 주고 받아야 하는데 이때 그 사람이 어떤 관계냐에 따라서 도움 주고받기가 효율적으로 이뤄질 수도, 반대로 전혀 안 될 수도 있기 때문이다.

앞서 다룬 주제로 '도움 요청하기를 망설이지 마라'에 앞서 관계 설정을 통하면 도움 요청으로 얻는 결과를 극대화 할 수 있다는 뜻이다.

· · ·

"나는 증권거래위원회로부터 국가적으로 인정받는 등급을 가진 누군가가 법을 위반한다면 그건 절대적으로 우리가 심사숙고해야할 일이라고 여깁니다."

· · ·

"머니마켓펀드(MMF)는 자금 시스템에서 상당히 중요한 부분입니다. 40조 달러가 머니마켓펀드에 있는데 투자자들은 대부분 여기에 의존합니다. 제 시각으로 볼 때 증권거래위원회가 머니마켓펀드에 대한 신뢰를 강화하기 위한 모든 조치를 취할 것입니다. 유동성을 강화해서 경제 위기 하에서 탄력을 만들어갈 것입니다."

· · ·

"우리가 더 혼란을 많이 겪을지 예견하는 것은 쉽지 않습니다. 그러나 나는 투자자들이 머니마켓펀드에 대해 기본적인 확신을 갖게 될 것이라고 생각합니다. 보험프로그램이 있을 테지만 경제 위기 시대에 그들의 탄력성을 복원하는데 필요한 단계를 밟아갈 것입니다."

· · ·

"우리는 기관을 통해 연간 엄청난 수에 달하는 많은 조언을 받고 있으며 우리는 그것들을 잘 다루고 더 효과적으로 다룰 필요가 있습니다. 그리고 다음을 위해 우리가 A부터 Z까지 우리의 과정을 리뷰해서 보다 더 효과적으로 업무가 이뤄지도록 해야 합니다. 폰지 사기사건의 경우처럼 우리가 미리 발견하고 멈춰야 하는 일들이 드라마틱하게 자주 일어납니다. 워렌 버핏의 이야기를 빌면, '조류가 밀려 나가면 누가 벌거벗고 수영하고 있었는지 알 수 있다'는 말이 있습니다. 그들은 어려운 경제 위기에서는 사기극을 더 이상 유지할 수가 없습니다. 그 결과로 더 빨리 드러날 뿐이죠."

주위에서 나와 어울리는 사람들은 누가 도움이 되는지 모른다. 위기에 닥치면 그 사람이 진실이 드러난다. 내 모습도 마찬가지이다. 나를 위장하지 마라. 위기에 빠지면 내가 먼저 누드(NUDE)인 게 드러날 수 있다.

마리가 증권거래위원회에서 근무할 때 보여준 '관계 관리'는 권한을 갖는 위치일수록 어떻게 행동해야 하는가를 본보기로 보여준다. 권한이 있는 곳에 혜택을 보려는 사람들이 모이고, 그들은 권한을 가진 사람과 다양한 '업무 관계'를 맺어두려고 한다.

이러한 '관계 관리'는 권한을 가진 사람으로서 주의를 기울여야 하는 부분이다. 자칫하다가는 부적절한 관계로 오인 받게 되어 그동안 자신이 쌓아온 명예와 업무성과가 한순간에 물거품처럼 사라질 수도 있기 때문이다.

권한을 가진 사람과 친하다고 업무 편의를 봐주는 경우는 절대 있어서
안 되는 것처럼 권한을 갖는다는 것은 그만큼 권한을 사용할 기회가 줄어
듦과 같다. 권한은 다수의 이익과 사회 유지에 필요한 경우에 사용되어야
한다는 의미이다.

"좋은 일을 하겠다는 꿈도 제 일에 도움이 되었어요."

실비아 라그나도(Lagnado, Silvia)

실비아 라그나도는 런던에 소재한 유니레버의 그룹 부사장으로 마케팅 챔피언십에서 선보인 마케팅과 회사의 각 기능을 연결하는 '스팬 사일로(부서 이기주의에 다리를 놓다)'를 통해 수익 창출을 가능하게 한 것으로 유명하다.

실비아는 신제품 콘셉트를 만드는 일부터 광고전략을 수립하고, 포장과 마케팅 전략까지 포함하여 '브랜드 개발'에 집중하는 팀의 리더를 맡았는데, 실비아의 일상 업무는 유니레버의 재정, 공급망, 연구개발, 인적자원관리 부서와 상호 작용을 하는 것이었다. 실비아는 각 분야 업무를 전 세계시장에서 적용하며 영업팀과 마케터들로 구성된 많은 브랜드 구축팀과 함께 광범위한 작업을 협력한다.

실비아는 조직에서 마케팅을 위한 가장 효과적인 수단이라면 주요 위치에 있는 사람들에게 매우 개별적으로 다가서야 한다는 점이라고 말한다.

실비아에 따르면 '어떤 브랜드를 그들이 제일 좋아하고, 어떤 상품을 그들이 좋아하는지 생각하게 하고, 무엇이 그들을 생각하게 했고, 그렇게 느낀 이유는 무엇인지 물어보는 것'이며, 사람들은 마케터의 노력으로 인해서 그들이 느꼈던 선호도와 좋아하는 감정을 어떻게 갖게 되었는지 발견하게 될 것이라고 한다.

• • •

"나는 1986년 브라질에서 도시공학 학사를 마친 후에 유니레버에 입사했어요. 그러나 난 항상 마케팅과 브랜드개발 쪽에서 일했죠. 그래서 브라질, 영국, 아르헨티나, 미국 등에서 일하면서 세계를 다닐 수 있었어요."

• • •

"힘든 업무 덕분에 나는 내 일에 성공했다고 생각해요. 직관을 갖고 분석한 기술을 결합하는 능력, 위기에 대처하는 용기, 그리고 좋은 일을 하겠다는 꿈도 제 일에 도움이 되었어요."

MIND 12 DREAM

꿈이란 사람을 행복하게 해주는 정신(SOUL)이다.
사람은 잠자면서 꿈을 꾸는 게 아니라 일상생활에서도 꿈을 꾸는데,
이 경우 '꿈을 갖는다'라는 표현을 사용한다.

잠을 잘 때 보는 꿈은 지난날의 과거경험이나 그 사람의 생각 등이 뇌를 자극하면서 생기는 게 일반적인데 일상생활에서 갖는 꿈이란 그 사람으로 하여금 실제 어떤 행동을 하게 만드는, 힘이 센 꿈이다.

"네 꿈은 무엇이니?"

이 질문은 사람들이 어렸을 때 어른들로부터 자주 받는다.

어린이들의 경우, 질문을 받을 때 자신이 가장 좋아하는 직업을 꿈이라고 대답하는데 그 꿈은 과학자, 연예인, 대통령, 장군, 군인, 경찰, 소방관 등으로 표현되는 게 일반적이다.

하지만 어른이 되고 갖는 꿈은 약간 다르다.

자신의 일생에서 가장 소중하게 여기는 일을 생각하고 자신에게 잘 맞는 일을 고르며, 자신이 가장 잘 할 수 있는 일을 찾아서 꿈으로 정한다.

어떤 사람들은 직장생활을 하며 쉽게 여행을 떠날 수 없는 현실을 빗대어 '세계 여행을 하는 꿈'이라고도 말한다.

그러나 이때 말하는 꿈은 우리가 다루려는 꿈이 아니다.

현실의 불만족으로 생기는 꿈이란 DREAM이 아니라 희망(HOPE)을 말한다.

여러분의 꿈은 무엇인가?

우리의 꿈은 현실 속에서 실현하고자 하는 목표를 정해두고, 도전하여 현실에서 실행하는 걸 말한다. 이런 꿈이야말로 우리의 삶을 윤택하게 만들며, 미래를 위한 투자로 현실의 우리가 절제하도록 만든다.

각자의 미래에 실행하고자 하는 꿈을 이루기 위해 현실에서 공부하고, 도전하며 돈을 절약하고, 사람 관계를 만들어 간다.

이와 같이 여러분 각자의 꿈은 미래의 꿈을 이루게 해주는 가장 강력한 수단이자 원동력이다.

꿈을 꾸라.
그리고 미래의 꿈을 위해 현실을 매니지먼트 하라.
우리 앞에 놓이는 모든 현실을 꿈을 위한 길로 만들라.
꿈은 미래가 아니라 현실과 현실의 끊임없는 연결이고, 꿈은 미래의 것이
아니라 오늘 지금, 바로 당장 하고 있는 그 일이다.

· · ·

"브랜드 구축 그룹과 내 팀의 관계는 약간의 긴장 관계에 놓이기도 하
는 경험을 했어요. 브랜드 구축팀은 우리들의 상품을 매일 유통업자들과
소비자들이 있는 시장에 내놓아야한다는 엄청난 압박에 시달리거든요.
그들은 상품을 정시에, 그리고 내 팀으로부터 완벽한 자료를 받길 원해
요. 만약 우리가 좋은 관계를 유지하지 못하면 일하는데 있어서 같은 팀
이라고 생각하지 않을 거예요."

· · ·

"나는 강요된 비전은 좋지 않다는 것을 알게 되었지만 비전의 양 끝을
나란히 맞추는 법도 알게 되었어요. 우리가 만약 양쪽 모두 같은 마음으
로 비전에 집착할 수 있다면요. 즉, 우리 브랜드를 원하는 곳에 대해 왜
이곳이 괜찮은 공간인지, 그리고 이곳에서 어떻게 성공시킬 것인지에 대
해 같이 동의한다면 말이죠. 각각의 그룹은 자신들의 압박에서 벗어나서
더 중요한, 높은 수준의 성과에 도달할 수 있는 것이죠."

• • •

"한 조직에서 비전을 제시한다는 건, 과학이라기보다는 예술에 가까워요. 그러나 제 경우엔 좋은 비전은 3가지 요소를 갖춰야 한다고 생각해요. 정신적인 요소로써, '우리의 욕망이 사회에 좋은 일을 해야 하고', 감정적인 요소로써 '사람들로 하여금 같이 열심히 일하려는 마음을 갖게 해야 하고', 지적인 요소 또는 이성적인 요소로써 우리 상품을 시장에 내놓는데 필요한 각 과정을 연결하는 명확한 마케팅 전략으로 소통해야 하죠."

• • •

"상품에 대한 우리의 비전을 만들어서, 내 팀은 종종 사회학자들이나 인류학자, 다른 학자들과도 상담을 합니다. 우리 상품을 사람들이 진짜 필요로 할지에 대해서 말이죠."

• • •

"강요된 비전이란 이런 거죠. 제가 유니레버에서 도브 브랜드를 담당할 때였어요. 우리가 만든 비전은 '여자가 아름답게 느끼게 하자'였어요. 우리 비전의 핵심은 여성스러운 아름다움에 대한 정의를 넓히는 것과 '보이는 아름다움에 대한 낡은 인식을 바꾸자' 였어요. 우리는 아름다움의 다양성을 감사하고, 자기 만족을 높여주는 수단으로써 도브 브랜드를 포지셔닝 한 것이죠. 우리는 많은 시간을 들여 리서치에 노력을 기울였고요 사회학자들과 소녀와 여성의 몸에 대한 이미지 등에 대해서도 의견을 나눴죠. 하지만, 사람들은 그들 스스로 비전을 갖고 무언가 개개인에게 다가오지 않는 비전에 대해서는 반응하지 않더군요."

• • •

"강요된 비전을 깨닫게 되는 순간은 이런 때이죠. 사람들은 제대로 뭔가 맞히면 그걸 알잖아요? 우리가 미팅에서나 회의에서 프레젠테이션을 했을 때, 사람들은 그게 어떤 내용인지, 그 내용에 따라 하고 싶은 마음이 들고 공감했는지, 그들이 내용을 현실 속에서 같이 실현하고 싶어 했을 경우 박수를 치는 거죠."

• • •

"하지만 비전을 세우고 그걸 1회성 소통으로 그친다는 건 충분하지 않죠. 나는 그 비전을 브랜드 구축팀과 공유할 수 있도록 내부 소통전략을 세우고 가능한 자주 서로 대화를 합니다. 우리는 모든 방법을 내부 소통 도구로 이용할 수 있어요. 여러 나라에 있다면 화상회의를 해도 좋고요, 인터넷방송을 통해서도 되죠. 아무리 많이 해도 괜찮아요."

• • •

"듣기는 결정적인 기술입니다. 나는 내 팀에서 듣기와 배우기를 문화로 정착시키기 위해 노력합니다. 가령 팀과 회의를 하다가 어떤 문제제기를 들었을 때, 그 해결책을 묻는 겁니다. 우리가 그 해결책을 따를 것인지 미리 정하지 않아도 일단 그들의 의견을 물으면 그들은 자신들이 인격적으로 대우받는다는 걸 느끼고 기뻐합니다. 내 생각에 내 팀은 브랜드 구축팀과 함께라면 '하인리더십'을 실행한다고 생각합니다. 상대방이 필요로 하는 것은 제때에, 그리고 하나도 빠짐없이 충족시켜준다면 우리는 함께 일을 잘하는 것입니다."

• • •

　"부서 간에 다리 연결하기 같이 마케팅과 부서 업무를 연결하는 과정은 '균형'을 유지하는 게 제일 어렵습니다. 일단, 비전은 제하고서라도 사람들을 균등하게 대우하는 게 중요합니다. 모든 하루 일과에서 해야 할 일입니다. 우리가 비전을 제쳐두고 서로 이야기만 많이 한다면 우리는 점점 더 내부 이야기만 나눌 텐데요. 하지만 시장은 밖에 있는 것이니 이건 좋지 않습니다. 또는 우리가 우리의 비전에 대해서 충분하게 이야기를 나누지 않는다면 우리는 일을 하는데 더 많은 시간을 써야 합니다. 우리가 서로 일을 같이 하는데 있어서 강한 연결고리를 구축하지 않았기 때문에 그렇죠. 그래서 이건 조화를 맞추는 행동입니다."

• • •

　"이건 쉬운 일이 아닙니다. 여러분은 때때로 낙담할 때도 있을 것입니다. 마음에서 우러나오는 용기를 북돋워줄 6명 정도의 소울메이트를 둬도 좋습니다. 모든 일이 어렵게 느껴질 때 더욱 에너지를 높이세요. 내 소울메이트들은 대학 동기들과 또는 저랑 같이 일하는 사람들, 그리고 때로는 광고회사 파트너들이기도 합니다. "

　실비아는 힘든 업무 때문에 자신의 일에서 성공했다고 이야기한다. 누구나 도전하고 성공하기에 쉽지 않았기 때문에 그 일을 이뤄냈을 때 받아들여지는 가치가 더욱 높았다는 사실이다.

　또한, 좋은 일을 하겠다는 꿈이 용기로 한몫했다는 것을 숨기지 않았다. 사람은 꿈을 현실에서 실행할 수 있을 때 '꿈을 이뤘다'고 말한다. 실비아의 꿈이 이뤄지는 모습을 통해서 우리 각자의 꿈을 현실 속에서 이루는데 더욱 용기를 갖도록 하자.

"지금 나와 같이 일하는 사람들에게 집중합니다."

수전 디스먼드 헬맨(Desmond-Hellmann, Susan)

의학 박사이자 공중위생학 석사인 수전은 2009년 3월 샌프 란시스코 캘리포니아 대학의 명예총장이 되었다.

수전은 2007년 생명공학 명예의 전당에 이름을 올렸고, 2006년엔 의료경제인협회의 올해의 여성이 되었다. 2001년과 2003년부터 2008년까지 포춘지가 선정한 가장 힘 있는 여성 50인으로 선정되었으며 2005년과 2006년, 월스트리트저널은 수전을 '주목해야할 여성' 가운데 한 명으로 지명했다.

샌프란시스코 캘리포니아 대학은 앞장선 생물의학 연구를 통해 건강을 전 세계에 홍보하기 위한 선도적인 대학이며 생명과학 및 의료전문직, 그리고 우수 환자치료에서 대학원 수준의 교육을 담당한다. 건강과학에 집중하는 유일한 캠퍼스이기도 하다.

수전은 대학에서 임상훈련을 수료하고 내과, 의료종양학 분야 위원회로부터 인정을 받았다. 수전은 사전의학 분야 과학 학위를 취득하고 네바다 리노대학에서 의학 학위를 취득 후, 캘리포니아 버클리대학에서 공중보건 석사 학위를 취득했다.

제네틱에 입사하기 전에, 수전은 브리스톨 마이어스스퀴브 제약연구소에서 임상 암 연구의 책임자가 되었다. 브리스톨 마이어스 스퀴브에서 수전은 암치료제인 택솔 프로젝트 팀 리더로 활동했다.

수전은 대학에서 바이오통계학과 역학 분야의 외래교수로 재직했는데, 재임기간 동안 수전은 우간다 암 연구소에 방문교수로 2년을 보내면서 HIV 및 에이즈와 암 연구를 했다. 수전은 임상연구로 돌아오기 이전에는 의료종양학 의사로서 개업의로 2년을 보냈다.

수전은 2004년 3월부터 2009년 4월까지 제네틱에서 상품개발 담당 사장을 역임했다. 이 시기에, 수전은 제네틱의 사전 임상 및 임상개발, 공정 연구 및 개발, 사업개발, 제품 포트폴리오 등을 맡았다. 또한, 1996년부터는 제네틱의 집행위원회의 임원으로 활동했다.

수전은 임상과학자로서 1995년 제네틱에 합류했는데, 1996년에 직책은 최고의료진으로 승진하였고 1999년에는 제품 개발 및 운영 담당 부사장으로 임명되었다. 제네틱에서 근무하는 동안 여러 치료제들이 미국 식약청의 허가를 받았고 회사는 항암치료제 분야 1위의 제약회사가 되었다.

2009년 11월, 포브스지는 수전을 세계에서 가장 힘 있는 혁신가 7명 가운데 포함시켰으며, 수전을 가리켜 '암환자들의 영웅'이라고 지칭했다.

2009년 1월, 수전은 샌프란시스코 경제자문위원회의 연방준비은행에 3년 임기로 합류했는데, 그 이전인 2008년 7월엔 캘리포니아 과학 아카데미 재단 이사회에 임명되었다.

• • •

"우리는 비효율적인 것으로 사치를 누릴 수 없습니다. 우리는 우리들의 돈을 현명하게 소비하는 대중에게 신세를 졌습니다."

• • •

"나는 명예총장으로서 비교적 짧은 재임기간을 가졌습니다. 그러나 나는 행복합니다. 캘리포니아에서 내가 본 것은 효과적인 지지야말로 진실로 모든 것을 움직인다는 것입니다. 여러분도 아시겠지요. 그것은 대중을 움직입니다."

MIND 13　FRIEND

지금 나와 같이 있는 사람에게 집중하자.

일을 하면서 내게 가장 필요한 사람은 바로 옆에 있는 사람이다.

내가 아파할 때, 내가 힘들 때 내게 격려를 해줄 수 있는 사람도 지금 바로 옆에 있는 사람이다. 내게 도움의 손길이 필요할 때, 직접 도와줄 수 있는 사람도 바로 내 옆에 있는 사람이다.

본 도서에 소개하는 성공한 여성 50인의 경우에서 볼 수 있는 바는

바로 자신의 옆에 있는 사람들에게 최선을 다했다는 공통점이다.

즉, 가족을 비롯하여 자신의 동료들에게 최선을 다했고, 학교에 다닐 때 대부분 학생모임에서 활동했다는 공통점이 있다.

글로벌리더가 된다는 것은 세계 어느 사람과도 협력할 수 있다는 뜻이다. 어느 국가, 어느 인종, 어느 연령대의 사람을 만나더라도 '리더'가 되기에 합당하다는 뜻이다.

평소 가깝게 지내는 우리나라 연예인 함소원으로부터 이런 이야기를 들은 적이 있다. "지금 자신의 위치가 궁금하다면 자신의 주위에 누가 있는지 살펴보라"는 말이다.

그렇다.
어느 누구라도 독불장군으로 혼자 일을 할 수는 없다. 반드시 여러 명의 사람들과 같이 일을 추진하고 도전한다.
이때 자신의 주위에 친구들이 필요한데, 그 친구들이 어떤 사람들인가가 중요하다는 점이다.

스타 함소원은 아침에 눈 뜨자마자 볼 수 있도록 영어, 일본어, 중국어 책을 머리맡에 두고 잠에 든다. 저녁 때 잠자기 전에도 마찬가지이다. 잠들기 전까지 책을 보다가 잠을 잔다. 자신의 주위에 도움을 주고받을 수 있는 친구들이 많고, 그들과 지혜를 나누기 위한 최소한의 실천인 것이다. 이를테면, TV를 통해 보여지는 어떤 사람의 이미지는 그 사람의 비즈니스일뿐, 그 사람 본연의 모습이 아니라는 점을 알아두자.

여러분 주위에는 어떤 사람들이 있는가?
사회에서 성공하여 자신의 입지를 다진 사람들인가? 아니면
이제 막 도전하며 성공을 위해 도전하는 사람들인가?

당신 주위에 있는 친구들이 현재의 당신, 미래의 당신을 만든다.

당신 주위에 있는 친구들에게 집중하자.

. . .

"우리는 학생들이 빚 때문에 자신에게 맞는 직업을 선택할 수 없는 것처럼 거추장스럽게 되는 걸 원하지 않습니다. 만약 누군가 까다로운 이웃과 함께 지내거나 불평등한 직장에서 일하는 것 사이에 선택을 해야 할 경우, 나는 과중한 채무가 그 사람으로 하여금 '나는 나를 위한 직업 선택 대신에 대출금을 갚기 위해 무조건 수익이 생기는 뭔가를 해야합니다'로 말하게 하는 걸 원하지 않습니다. 이런 문제가 나를 걱정하게 만듭니다."

. . .

"명예총장으로서 나는 우리가 최고에 머물기를 원하지 않습니다. 나는 우리가 더 낮게 되기를 열망합니다. 나는 멈추고 싶지 않습니다. 나는 월계수 아래에서 쉬고 싶지 않습니다. 나와 같이 일하는 사람들은 모두 이 대학의 최고경영자들로서 우리는 항상 내년을 생각해야 합니다."

. . .

"나는 지금 나랑 같이 일하는 사람들에게 집중합니다."

. . .

"나는 최고사업가에게 그것이 완성되었는지 찾아보라고 할 겁니다. 그리고 나는 기분이 들뜨겠죠. 캠퍼스를 위해서도 진짜 중요합니다. 우리가 속한 이 시대에게 주어진 것이죠."

. . .

"그 사람들은 우리가 캠퍼스를 이끌어 가는데 도움이 됩니다. 그래서 항상 제 목록 우선순위를 차지하죠. 그 일을 제대로 해낼 최고를 찾아냅시다."

수전은 생명공학 명예의 전당에 이름을 올렸다. 미디어로부터 '암환자의 영웅'이란 칭호도 받았다. 수전은 하는 일 자체가 다른 이들의 아픔을 치유하는 길을 걸었다. 자신의 주위에 아픈 사람들을 위해, 사람에 대한 애정으로 자신의 꿈을 현실에서 실천했다는 뜻이다.

여러분은 지금 어느 목표에 도전하는가?
자신의 주위에 있는 친구들을 위한 일인가?
아니면 여러분 혼자만의 개인적인 이익을 위한 일인가?

지금 자신의 주위에 있는 사람들에게 집중하자. 지금 내게 가장 중요한 사람은 바로 내 주위에 있는 사람이다. 내가 지금 한국에 있는데, 미국에 있는 사람에게 도움을 요청할 수는 없다.

내 주위에 있는 사람들에게 집중하고, 그들과 친구가 되자. 내가 원하는 목표에 친구들이 도움을 줄 것이다. 친구들이 바로 여러분 자신이 된다. 친구들의 위치가 여러분이 누구인지 보여준다.

"내가 할 수 있는 일은,
일하는 사람들의 이야기를 듣는 거예요."

신시아 캐롤(Carroll, Cynthia)

신시아는 미국인으로 비즈니스를 하는 여성이다. 신시아는 세계 최대 백금을 생산하는 기업인 영국의 앵글로 아메리칸 PLC의 대표 이사이다.

2006년 10월 24일, 신시아는 앵글로 아메리칸에 합류하였는데, 2007년 1월 이사회 멤버가 되었고 2007년 3월엔 최고 경영자가 되었다. 신시아는 안전지속가능발전위원회 및 앵글로 아메리칸 집행위원회 멤버이며 FTSE 100대 기업에 속한 유일한 3명의 여성 가운데 한 명이다.

2008년, 신시아는 포브스지가 선정한 세계에서 가장 힘 있는 여성 5위에 이름을 올렸으며 2009년엔 같은 목록 4위에 랭크되었다. 당시 신시아의 연봉은 31만 9천 파운드에 달하는 연간 보너스를 합하여 1백 5만 파운드에 이른다.

신시아는 2002년부터 프라이머리 메탈그룹의 CEO 겸 사장으로, 캐나다 몬트리올에 본사를 둔 '알칸'에서 일했다. 1989년 알칸에 합류한 신시아는 1996년 1월에 아일랜드 어그니시 아이랜드에 소재한 어그니시 알루미나 부문의 상무이사로 승진했다.

알칸에 입사하기 전 신시아는 지금의 영국석유회사인 아모코에서 1982년부터 1987년까지 6년 동안 근무했고, 몬타나, 유타, 알라스카, 콜로라도 등지에서 가스 및 석유 탐사를 하는 석유지질학자로 일했으며 결혼해서 4명의 자녀를 둔 엄마이기도 하다.

신시아는 1978년 스키드모어 컬리지를 졸업하고 이학사 학위를 취득, 1982년 캔사스 대학에서 지질과학 석사 학위를 취득한 후, 1989년 하버드대학에서 경영학 석사를 취득했다.

신시아는 앵글로골드 아샨티, 그리고 사라리의 이사로 재직했다. 또한, 미국알루미늄협회 이사회 및 국제알루미늄협회 이사회에서 활동했는데 자산 최적화 프로젝트, 앵글로 아메리칸 내부의 가치기반관리 방법론의 도입 등 다수의 비즈니스를 만들어 내는 성과를 얻었다.

그러나 신시아는 항상 칭찬만 듣는 사람은 아니었다. 하는 사업에 대해 개인적인 공격을 받기도 했는데, 알래스카에 페블 광산 프로젝트를 담당할 때는 그리스트지란 곳에서 신시아를 '세계 최대의 스크루지'라고 부르기도 했다.

2010년 5월, 메릴린치 글로벌 금속엔 광물 컨퍼런스에 참석한 신시아는 참석한 청중이 많은 걸 보고 말하길, "나는 이렇게 많은 사람들이 우리 이야기를 듣고 싶어 한다는 걸 믿을 수가 없었어요."라고 했다.

. . .

"우리는 행동할 수 있는 곳과 결정할 수 있는 곳으로 가능한 더 가깝게 다가가야 합니다. 우리가 할 수 있는 만큼 효율적이 되려면 어떻게 해야 할까요? 우리에게 주어진 비즈니스 기회에서 결정을 내리기 위해 우리 자신을 제대로 짜임새 있게 만들려면 가장 효과적인 방법은 뭘까요?"

. . .

"그건 정말 환상적인 결과였어요. 만약 여러분이 누군가에게 프레임워크를 주고, 그들을 훈련시키고, 그들이 해야 할 일을 말해주고, 그들이 올바른 판단을 해서 제대로 된 결정을 내릴 수 있도록 돕는다는 것은 말이죠."

. . .

"사람들은 그들의 걱정거리를 내게 말합니다. 과거에는 경영자에게 자신의 생각을 말한다는 것조차 문화적으로도 받아들이기 힘든 현상이었죠. CEO 입장에서는 그건 들을 필요조차 없었거든요."

MIND 14 LISTEN

한국 삼성그룹의 고 이건희 회장은 선대 고 이병철 회장으로부터 '경청(傾聽)'이란 글귀를 물려받았다고 한다. 뒤이어 이건희 회장은 아들과 딸에게 역시 경청이란 글귀를 물려줬다. 경청이란 상대방의 이야기를 존중하여 듣는 것을 말한다. 듣기란 리더의 최대 덕목인 것이다.

듣기를 잘해야 중요한 결정을 내릴 때 판단이 틀리지 않을 수 있다. 듣지 않는 사람은 자기 생각대로 행동하게 되는데, 자기 생각대로 행동하는 사람은 항상 실수를 동반할 불안이 존재한다.

'듣기'란 다른 의미로 '보기(SEE)'라고 표현할 수 있다. 듣기란 귀로만 듣는 게 아니기 때문이다. 상대방의 이야기를 듣다보면 상대방의 눈빛과 상대방의 입, 상대방의 몸동작을 같이 보게 된다.

어느 것 하나 소홀히 할 것이 없다. 듣기를 통해 상대방의 이야기가 진실을 담고 있는지, 아니면 거짓과 위선을 담고 있는지 알 수 있다.

꿈을 이루기를 원하는 많은 여성들이 있다. 그러나 대다수 여성들은 듣기에 치중하는 대신 자기 생각, 자기 주장을 밀어붙이며 성공의 목전에서 쓰디쓴 고배를 마시기도 한다. 다른 이의 진실한 충고 한마디를 들었더라면 피할 수 있었던 상황들이 대부분이다.
성공을 향해 도전하는 많은 이들에게 앞서 정상의 위치에 선 선배들의 이야기야말로 천금과도 바꿀 수 없는 보배이다.

성공을 원하는가?
그렇다면 내 꿈에, 내 일에 도전하는 노력만큼 주위 이야기 '듣기'를 게을리하지 마라.
'듣기'란 올바른 판단을 내리기 위한 최고의 방법이다.

· · ·

"뛰어난 재능을 갖추었을 뿐 아니라 위대한 일을 해보려는 의지를 갖춘 사람들이 있는 회사는 - 미래도 밝습니다. 우리가 해야 할 일이란 그들을 밀어주는 것뿐이죠. 얼마나 많은 사람들이 그것에 관해서 떠들든 상관없어요. 우주의 기준이란 없거든요. 1등이 되는 명확한 기준도 없었고요."

· · ·

"처음에 저는 비즈니스의 어떤 부분에서는 꽤 인기가 없었어요. 몇몇에게 광산관리자, 감독자 등을 시켰죠. 그들은 곧 손을 들더니 '난 이걸 할 수 없어요. 이런 거로 살 수 없어요.'라더군요. 우리가 말했습니다. '좋아요. 감사해요. 우리 모두 우리 자신의 길을 가야해요.' 라고요."

· · ·

"나는 내가 마인드 관리를 통해 가능성을 보여주며 사람들의 눈을 열게 한다고 생각하길 좋아해요."

· · ·

"내게 있어서 사람들의 마인드 관리, 사람들이 움직이는 곳, 사람들이 팀워크를 이루려는 것, 사람들이 서로를 돌보는 방법 등 이 비즈니스 전체에 걸쳐 '안전'이란 제일 중요합니다."

· · ·

"나는 수년간 경험으로 어떤 일이 잘 되는지 알 수 있습니다. 모든 일이 잘 되는 것 같아 보일 때라도 정작 일하는 사람들은 그렇지 않을 때가 있습니다. 내가 할 수 있는 일이란 일하는 사람들의 얘기를 듣는 거예요. 물론 나도 역시 그들이 얘기하는 문제를 알고 있을 경우가 많죠. 근데 이게 어려운 문제예요. 사람들의 일손이 부족하다는 걱정거리를 듣고 만약 경영자가 인원을 증원하는 지시를 내렸다고 한다면 광산 채굴사업장에 있는 사람들을 오히려 줄여야 하는 결과를 만들 수도 있거든요."

· · ·

"나는 투명하게 모든 일을 공개하면서 일합니다. 어떤 사람이 내게 말했어요. 내 방식을 이해할 수 없다는 얘기였죠. 우리는 권투장갑을 끼고 싸우려는데, 신시아는 앉아서 문제를 풀라고 한다고요."

· · ·

"가장 큰 회사란 가장 이익을 많이 내는 회사가 아닙니다. 우리들의 투자전략은 충분히 버틸 만한 바탕 위에서 경쟁하는 것입니다. 그건 바로 달성할 수 있는 목표인 셈이죠."

신시아는 여성으로서 광산개발산업에 뛰어들어 리더의 위치에 오른 입지전적인 인물이다. 신시아는 또한 경영자 입장에서 광산 현장 직원들의 이야기를 듣기를 게을리하지 않았다.

어떻게 생각하면 여자가 경영자가 된다는 것도 남자들에게나 어울릴 법한 거친 광산산업에서 보기 드문 일인데, 경영자로서 광산개발 현장을 찾아 항상 현장에서 들리는 목소리 듣기를 게을리하지 않았다는 것은 그만큼 신시아의 성공을 수긍하게 만들어주는 대목이다.

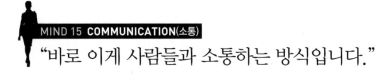
"바로 이게 사람들과 소통하는 방식입니다."

안젤라 아렌드(Ahrendts, Angela)

1960년생으로 미국 인디애나주 뉴팔레스타인에서 태어난 안젤라는 미국인 여성 사업가이자 버버리의 CEO이다. 안젤라는 인디애나 뉴팔레스타인에서 자랐다. 인디애나 볼 주립대학에 다닌 안젤라는 1981년 마케팅 머천다이징에 대해 학사 학위를 취득하고 졸업과 동시에 뉴욕으로 이사 갔다.

런던에 본사를 두고 있는 버버리는 런던증권거래소에 상장된 상태이며 1856년 설립되었다.

안젤라는 2006년 1월 버버리에 입사했는데 같은 해 6월 1일 CEO로서 발탁되었다. 2008년이 되어, 안젤라는 버버리의 크리에이티브 디렉터인 크리스토퍼 베일리와 함께 젊은이들이 자신의 꿈을 실현하고 자신의 능력과 창의력을 통해 자신의 목표와 가능성을 달성하기 위한 노력을 돕기 위해 버버리재단을 만들게 된다.

버버리에서 임명을 받기 전에 안젤라는 미국의 선도적인 어패럴 회사 가운데 하나인 리즈클라이본의 수석 부사장이었다. 안젤라의 재임기간 동안 회사 매출의 40%를 차지하는 여성의류와 남성의류 브랜드를 맡았다.

안젤라는 신상품과 새로운 카테고리 개발 업무를 맡았는데, 글로벌 성장 전략과 주요 브랜드의 체인사업에도 관여를 했다. 안젤라는 1998년 리즈클라이본의 경영진에 합류했으며, 회사 브랜드는 10개에서 41개로 늘어났다.

리즈클라이본에 입사하기 전에 안젤라는 헨리벤델의 수석 부사장이었고, 1989년부터 1996년까지 6년이란 시간은 도나카란 콜렉션과 도나카란 브랜드 라이센싱 등을 담당하는 도나카란인터내셔날의 사장으로 지냈다.

안젤라는 포브스지가 선정하는 가장 힘 있는 여성 100명에 2년 연속 이름을 올렸는데, 2006년엔 76위, 2007년엔 67위였다. 안젤라는 포춘지가 선정하는 파워 50인 명단에서도 2007년 18위, 2008년엔 27위에 이름을 올렸다.

인디애나의 작은 도시에서 세계에서 널리 알려진 브랜드이자 연간 매출 규모 20억 달러에 이르는 기업 '버버리'의 수장으로서 인생의 큰 시대를 열게 된 것이다.

안젤라는 말하길, 자신은 분석기술은 와르나코의 前 CEO인 린다 와츠너에게 배운 것이라고 한다. 그녀의 '오른쪽 뇌' 기술은 도나카란에게 배운 것이라고 하듯이 말이다.

• • •

"그 23분이란 내가 사람의 생활을 변화시킬 수 있는 무언가에 대한 아이디어와 그에 대한 상상할 수 있는 어떤 것보다도 내게 더 중요했어요. 아마 제 생애 최고의 밤이 될 거예요."

• • •

"난 구찌, 샤넬 또는 다른 회사를 쳐다보지 않아요." 모 인사와 런던에서 대화를 나눌 때, 다이어트 콜라를 연거푸 대여섯 잔째 마시던 안젤라는 "내 피가 갈색으로 될 거예요."라고 농담을 하며 꺼낸 이야기이다.

• • •

"내가 만약 모델처럼 다른 회사상품을 본다면 그건 '애플회사'랑 같아요. 라이프스타일을 창조해내는 일을 하는 뛰어난 디자인 회사들이 많아요. 내가 우리 회사를 생각하는 것도 같고요."

• • •

"간혹 조금은 절망적일 때가 있죠. 하지만 어떤 면에서는 '이게 바로 네가 사회를 만들어가는 방식이야'라고 이해할 때가 있어요. 우리가 달성한 중요한 것들 중에 하나는 버버리가 젊은층과 대화한다는 거예요. 현대적인 이미지로 다가서는 거죠. 팩트는 바로 이게 요즘 브랜드들이 사람들과 소통하는 방식이란 거예요. 브랜드 충성도도 만들어지는 것이고요."

'소통'이란 2010년대 이후 경제 분야의 주요 화두로 자리매김하고 있다.
스마트폰과 스마트TV에서 비롯된 일인 동시에 트위터(www.twitter.com)와
페이스북(www.facebook.com)이 사람들에게 큰 인기를 얻으며 인터넷 세
상을 통한 사람들과의 소통에 중개자로 적극 활용되면서부터이다.

트위터는 가입자 수 2010년 11월 기준 1억 7천만 명이 넘었고, 페이스북은
5억 명이 넘었다. 지구 상에 존재하는 왠만한 국가 인구 수보다 더 많은 사
람들이 인터넷의 커뮤니티에 모여 서로 소통하고 활동한다.

트위터에서는 타임라인(timeline)이라고 부르는 소통 영역이 있다.
트위터를 사용하는 이용자들이 자신들의 이야기를 올리는 공간인데 서로
팔로우(follow:따르가다), 팔로윙(following:따라오다) 관계에 있는 사람들이
주고받는 메시지가 표시된다.

매 초마다 전 세계의 사람들이 자기의 이야기를 타임라인에 올린다.
그들의 이야기는 자기 일 이야기, 자신의 궁금증과 자신들의 현재 상황 등
이다. 그들의 이야기를 본 사람들은 궁금증에 대한 답변을 올리기도 하고,
각자의 상황에서 다른 의견을 주고받으며 서로 연결된다.

그렇다면 실제 생활에서 소통은 어떠한가?

우리는 각자에게 생긴 궁금증과 문제를 들고 혼자 고민할 때가 많다.

나름 방법을 찾아본다고 해서 인터넷에서 검색하고, 도서관에 들러 책을
뒤적거린다. 그러나 이건 요즘 트렌드에 맞지 않는 '속도 느린' 행동이다.

손안에 스마트폰을 들고 다니며 실시간으로 질문과 답변을 주고받는 시대
이기 때문이다.
혼자만의 고민이 더 이상 혼자의 고민이 아니다.
사람들은 어느새 서로 소통하기에 적극 나서고 있다는 뜻이다.

꿈이란, 성공이란 무엇인지 생각해보면 결국 나를 알리고, 내 실력을 보이
는 행동이 필요한 과정의 결과라고 볼 수 있다.
시험에 합격해서 나를 알리고, 경쟁에서 내 실력으로 이겨야 내가 드러난
다. 단, 성공이 최고라는 성공지상주의 이야기가 아니다.

우리는 태어나고 살아가면서 수많은 경쟁에 부딪힌다.
학교에 다니며 시험 경쟁에 나서고 사회에 나와서 회사에 취업하기 위해
경쟁에 나선다.
그뿐인가?
회사의 구성원으로서 일 하며 다른 회사와 어떤 목표를 두고 경쟁하며
심지어 사랑하는 사람을 사이에 두고 사랑 경쟁이 벌어지기도 한다.

경쟁이 없는 곳은 없다.
나 혼자 무인도에 살더라도 하다못해 나무 열매를 따기 위해서는 동물들과
경쟁한다. 물고기를 잡기 위해서도 큰 물고기나 갈매기 등 물고기를 먹고
사는 동물들과 경쟁해야 한다. 안 잡히려는 물고기를 반드시 잡아야만 내

가 살 수 있다.

그래서 소통이 필요하다.
내가 가고 있는 길이 옳은 방향인지, 아닌지 물어봐야 한다.
소통이란 내 아이디어를 빼앗기는 창구가 아니라 내 길을 묻는 나침반이다.
산에 올라가는데 나침반이 고장 났다면 길을 찾기 위해 사람을 찾아야 한다.
길을 물어보고 방향을 찾아보며 도움을 얻는 게 소통이다.

내가 가고자 하는 목표가 내게 맞지 않는 일일 수 있다.
다른 사람들이 떠난 곳에 나 혼자 찾아가 본들 아무도 반겨주지 않을 수 있다.
내 목표, 내 꿈이 어디로 가는지 방향을 세우자.
방향을 세우려면 내 곁에서 같이 뛰거나 걷는 사람들에게 길을 물어야 한다.
내 길이 올바른 방향인지 묻고 답하는 과정이 바로 소통이다.

꿈에 도전하는 길에 외로움을 갖는다면 그때가 바로 소통할 때이다.

· · ·

"경기가 좋을 때 회사를 운영한다는 것은 경영자로서 나태해지기 쉬워
요. 반대로 급격한 경기 침체기엔 마인드에 집중하게 되죠. 나는 좋은 때
가 되기 전의 불황 시기를 절대 낭비하지 말라고 배웠어요. 진짜 중요한
것을 명확하게 하고, 관계없는 것들은 버리는 거예요."

· · ·

"유쾌한 일도 아니고, 창조적인 일도 아니지만, 내게 주어진 처음 몇 년이란 시간 동안 난 회사를 사들이면서 지낸 것 같아요. 물론 해야만 하는 일이긴 하죠. 만약 모든 걸 조절할 수 없다면 하나도 조절할 수 없다고 하는데요, 항상 맞는 말은 아니에요."

· · ·

"사람들은 우리 비즈니스에서 디지털이 미래라고 확신하는 저를 궁금해 해요."

· · ·

"만약 21,000명의 사람들이 있는데, 그 사람들이 어떤 내용을 두 사람에게 전달하고, 그 두 사람이 또 각자 두 사람에게 전달하고, 또 그 사람들이 또 각자 두 사람에게 전달했다고 한다면, 마지막엔 어딘가에 있는 누군가는 평범한 것을 벗어나서 무언가 할 수 있다는 믿음을 불러오게 되요. 글쎄요, 그러면 여러분은 진짜 그것을 하게 된 거죠."

안젤라는 글로벌 패션브랜드의 경영자로서 최신 트렌드를 제안하며 소통을 강조한다. 아주 오래 전부터 지속되어온 브랜드 인지도와 인기를 바탕으로 현실에 머무르기보다 미래의 가치에 대해 더 중요하게 생각한다.

기업의 경영자는 현실 안주 또는 현실보다 조금 더 나은 성장에 만족할 때가 있다. 특히, 자신이 설립한 오너경영 회사가 아닐 경우, 이사회와 주주들의 반응을 걱정하며 기업을 새로운 발전의 도약 단계로 움직이게 하기 걱정할 수 있다.

그러나 세상은 변하고 고인 물은 썩는다.

구르는 돌에는 이끼가 끼지 않고, 눈덩이는 굴려야 커진다.

현실 안주를 생각하는 그 순간 기업은 도태가 시작된다. 기업은 끊임
없이 움직이고 앞장서 나가야 하는 생명체이기 때문이다.

안젤라는 기업의 미래에 대해 소통을 강조한다. 젊은이들이 어디로 움
직이는지 살펴보고 그들과 함께 '어울리기'를 마다하지 않는다. 어울림을
통해서 정보를 얻고, 정보를 주고받으며 '소통'에 나서는 것이다.

기업의 미래를 확신하기 위한 최고의 정보와 가치는 일부 경영진의 머
리에서 나오지 않는다. 기업의 존속을 보장해줄 가치는 기업의 고객, 소
비자로부터 나온다는 뜻이다. 그런 의미에서 안젤라의 소통에 대한 도전
은 더욱 빛을 발휘한다.

"직원들은 내가 가끔
실수하는 모습을 보길 좋아합니다."

앤 리버모어(Livermore, Ann)

노스캐롤라이나 그린즈보로에서 1958년 8월 23일 태어난 앤 리버모어는 2004년에 휴렛패커드 수석 부사장에 올랐다.

앤은 노스캐롤라이나 고등학교의 졸업생 대표가 되었고, 채플힐의 노스캐롤라이나대학에서 경제학 학사를 취득했다. 그리고 스탠포드대학에서 1982년에 MBA를 취득했다.

1982년 앤은 학교를 졸업하자마자 HP에 입사했는데 1995년 부사장으로 선출되기 전까지 HP에서 영업, 마케팅, 리서치, 연구 개발 분야에서 근무했다.

1998년에 이르러, HP의 소프트웨어와 서비스 비즈니스의 수장으로서 회사의 최고경영진들은 '360도 평가'를 하기로 동의하게 되는데 앤은 이렇게 말했다. "나는 내가 매우, 매우 잘 조절되는 간부라고 배웠습니다만 직원들은 내 인간적인 면모를 볼 수 있는, 내가 가끔 실수하는 모습을 보길 좋아합니다. 그런 것은 리더십을 더욱 강하게 하여 사람들의 생각과 마음까지 얻을 수 있습니다. 그리고 나는 내 위신을 지키는데 많은 고민을 하지 않습니다."

MIND 16 MISTAKE

실수를 두려워하지 마라.

성공을 이루는 과정에는 항상 실패가 따른다. 사람들의 인생에서도 마찬가지인 것처럼 실패란 항상 따른다.

100명이 사업에 도전하고, 기업의 CEO가 되길 원한다도 해도 정작 사업에 성공하거나 기업의 CEO에 오르는 사람은 별로 없다.

특히, 직원 규모 수 만 명에 이르는 대기업에서도 CEO 자리에 오르는 사람은 한 명이다. 예를 들어, 산술적으로 생각해보면 기업 직원 수 규모 10,000명이라고 할 경우 CEO는 1명이 된다. 0.0001의 확률이다.

통계를 보면 항상 95% 확률에 오차범위 ±3%라는 수치를 본 적이 있을 것이다. 3%는 오차 범위 즉, 실수할 수 있다는 범위에 해당하는 수치인데, 기업의 CEO 자리에 올라설 확률은 그보다 훨씬 적다.

실수가 없을래야 없을 수 없다는 뜻이다.

시험에 도전했다. 그런데, 예상치 않은 실수로 불합격했다면?

불합격했다는 사실 그 자체에 좌절감을 갖고 절망하는 사람들이 많다.

그럴 필요 없다는 뜻이다.

여러분의 꿈이, 여러분이 도전하는 목표가 원하는 회사 취업인데,

마음에 드는 기업에 입사를 못했다면 낭패라고 생각되는가?

내 실수였다고 괴롭고, 그나마 경쟁률이 치열했다는 점에서 위안을 삼고 있는가? 실수란 누구나 할 때도 있다라는 격언은 귀에 와 닿지 않고 오로지 실패자라는 자괴감만 갖는 사람들이 있다.

이제부터 그러지 않아도 된다.
'실수'란 꿈을 향해 도전하는 길에서 반드시 마주치는 친구이다.
성공의 자리에 올라선 여성 리더들도 누구나 자신의 일에서 실수를 한다.

어떤 사람은 성공 확률이 95%일 때 그 오차범위 ±5%는 생각하지 않는다. 95%의 확률만 있어도 거의 100%에 가깝다고 여기고 도전한다. 만약 실패해도 이번엔 오차범위에 속했는가 보다, 하고 넘어가는 여유가 필요하다.

회사생활 하면서 0.0001%에 도달하지 못했다고 슬퍼할 이유는 없다.
경쟁률이 세다고, 나만 운이 없다고 좌절할 필요도 없다.
실수는 누구나 한다.
같은 실수만 반복하지 않으면 된다.
기회는 또 있다.

앤은 HP가 분산된 문화와 하드웨어적인 사고방식에서 벗어나도록 방향전환을 해줄 수 있는 사람이고, HP의 온라인서비스 전략을 담당해 두뇌역할을 할 것으로 신뢰를 받았다.
2004년 이후, 앤은 HP의 기술솔루션그룹(2009년에는 HP 엔터프라이즈 서비스로 변경)을 이끌면서, 스토리지와 서버, 소프트웨어, 서비스 분야 사업 매출을 300억 달러에 이르게 하였으며, 이 그룹을 통해 만들어진 상품과 서비스는 HP의 고객을 170여 개 이상의 국가로 넓혔다.

앤의 이름은 2005년 2월 '칼 피오리나'가 HP를 떠나고, 그 뒤를 이을 인물로 거론되었으며, 앤은 포춘지와 포브스지가 선정한 미국에서 앞서 나가는 비즈니스 여성 순위에 나란히 이름을 올렸다.

· · ·

"많은 사람들은 서버를 가상화 작업에 이용하려고 합니다. 고객들이 진짜 해야 할 일은 전체 데이터센터 환경을 가상화로 처리하는 것입니다. 서버, 스토리지, 네트워킹, 어플리케이션의 가상화를 말하죠. 고객들이 가상화 작업을 할 때 가장 먼저 겪는 문제는 물리적 및 가상서버의 혼합 환경에 있을 때 관리하는 방법입니다."

· · ·

"우리는 믿습니다. 가장 큰 방해물의 하나는, 미리 예상하는 능력인데요, 실제 제품이 생산이 되기 시작하면 내가 어떻게 다룰 것인가 고민하게 만드는 것입니다. '변화를 계획해야 하며, 실제 환경에서 이런 변화를 만들 것인가?'하는 점이죠."

· · ·

"모든 가상 환경의 절반은 사람들이 각자의 환경을 가상환경으로 만드는 것에 대해 가진 생각대로 사용됩니다."

• • •

"사람들은 IT산업에서 '녹색산업 안건'에 대해 질문합니다. 우리가 이야기하는 많은 회사들이 비용절감 없는 '녹색 IT'란 불가능하다고 얘기하거든요. 이 경우 '녹색산업'이란 뜻이 환경의 문제인가, 돈의 문제인가 생각해야 합니다. 우리는 비즈니스가 가능한 모든 것들에 대해 비용절감을 필요로 하는 걸 압니다. 가장 좋은 결과물은 환경에도 좋고, 비즈니스에도 좋은 무언가를 갖는 것이죠."

• • •

"우리는 제품의 파워와 냉각장치에 많은 초점을 맞춰왔습니다. 데이터 전송이란 면에서 볼 때, 에너지를 줄이는 건 소비자들이 비용을 줄이게 해주는 결과를 낳습니다. 그렇다면 결국 환경적으로도 좋은 것이죠. 다이내믹 스마트 냉각장치는 에너지 소비를 40%까지 줄여줍니다. 우리는 HP 내에서 3개의 데이터센터를 갖고 있는데요, 에너지 소비를 60%까지 줄일 수 있습니다. 큰 영향이 있죠."

앤은 가끔 실수한다는 것에 대해 걱정하지 않는다. 실수를 하는 것은 직원들에게 '인간적인 면모'를 보일 기회라고 생각하고, 유연하게 대처한다. 실수를 실수로 받아들이지 않고 자신의 또 다른 기회로 적극 이용하는 것이다.

문제 100개를 풀다가 모두 아는 문제일 경우에도 실수로 1, 2 문제는 틀린다. 실수를 할 가능성은 어디에도 있다.

앤은 기업 최고경영자로서 실수를 할 수 있다는 점을 감추지 않았다. 오히려 자신이 실수할 수 있는 경우를 역(逆)으로 전환하여 또 하나의 도전 목표로 삼았다.

"대표이사가 된 지 처음 몇 개월은 허니문이 없었어요."

엘렌 쿨맨(Kullman, Ellen)

델라웨어주 윌밍턴에서 1956년 1월에 태어난 엘렌 쿨맨은 미국인 경영자이다. 엘렌은 듀퐁의 대표이사 사장이며, 제너럴모터스의 이사를 역임했다. 포브스지는 2009년 가장 힘 있는 여성 100명 가운데 7위에 이름을 올렸다.

듀퐁 이사회는 2008년 10월 1일에 엘렌을 사장 겸 이사로 선출했고, 2009년 1월 1일에 대표이사로 발령했다. 엘렌은 206년 역사를 지닌 회사에서 첫 번째 여성이자 9번째 임원이 되었다.

포춘지는 엘렌을 2008년 세계에서 가장 힘 있는 여성 50인 가운데 15위에 올렸는데, 2009년과 2010년엔 5위로 올랐다. 월스트리트저널은 2008년 '주목해야할 여성' 가운데 8위에 올렸다.

엘렌은 조셉과 마가렛 제미슨의 딸로 태어났다. 엘렌은 윌밍턴에 소재한 타워힐 고등학교를 졸업한 후, 1978년 학사 학위를 취득한 TUFTS 대학에서 기계공학을 전공했다. 그리고 1983년이 되어 노스웨스턴대학에서 경영학 석사 학위를 취득했다.

엘렌은 제너럴 일렉트릭社에서 경력을 쌓기 시작했으며 1988년엔 회사의 의료 이미지 비즈니스를 담당하는 마케팅매니저로 듀퐁에 입사했다. 수석 부사장으로서 엘렌의 이전의 역할은 미국 외 지역에서 회사 성장을 리드할 듀퐁의 비즈니스 플랫폼을 담당하는 것이었다.

엘렌은 2004년부터 2008년까지 제너럴모터스의 이사였고, 2006년엔 TUFTS대학의 재단 이사회에 선출되기도 했다.

2009년 10월 30일, 듀퐁 이사회는 2009년 12월 31일부터 엘렌을 사장으로 임명했다.

• • •

"나는 혁신이 없을 경우 가격은 떨어질 것이라고 믿습니다." 비즈니스 세계가 붕괴 직전에 있는 것같이 위기 상황이라며 꺼낸 이야기이다.

• • •

"대표이사가 된 지 처음 몇 개월은 허니문이 없었어요."

MIND 17　ON THE WAY

ON THE WAY는 일을 시작한 후 진행되는 과정을 말한다. 100M 달리기를 한다면 출발선에 서서 출발신호를 받은 후 달리기 시작하여 100M 도착 지점에 도착하기 전까지의 과정을 이야기한다. 그런데 사람들은 이 과정에서 승패가 엇갈린다.

출발선에 섰을 때 사람들은 모두 긴장하며 최선을 다할 것이라고 다짐한다. 그러나 막상 출발한 이후에는 옆 선수들이 눈에 보이고, 그들이 앞서 나가는 모습을 보면서 점점 다리에 힘이 빠지는 사람들이다.

100M 거리를 달릴 때 정말 빠른 사람은 10초도 안 걸린다. 대부분의 선수들은 12초 이내에 들어온다. 10M를 1~2초 사이에 뛰는 것이다. 이 짧은 시간이지만 사람들의 머릿속은 이보다 더 빠르다.

'이 속도로 달리면 내가 몇 등 하겠구나.'
'옆 선수가 더 빠른데, 이번엔 내가 지겠구나.'
'저 선수는 옷이 좋구나. 그래서 잘 뛰는구나.'
'이 선수는 신발이 새로운 디자인이구나. 그래서 내가 느리구나.'

결승점에 도착하기 전까지 사람들은 수만 가지 생각을 하고, 1초도 안 되는 그 시간에 판단을 내린다.

100M 달리기에 필요한 시간이 10초라고 생각하면 1초는 1/10이다. 우리가 뛰는 목표로 생각한다면, 10개월 앞둔 시험에 1개월 시험공부 해보고 벌써 포기할 생각을 갖는 것과 같다. 10조각의 피자를 먹으면서 한 조각만 먹고 전체 피자의 분량을 생각하고 판단하는 것이다.

그러나 꿈과 도전의 길에선 항상 마지막 도착 지점까지 최선을 다하는 사람이 승리한다. 열 발자국 걸어가는데 이제 한 발자국 걸어놓고 열 발자국 앞에 누가 먼저 도착하느냐는 중요하지 않다. 열 발자국을 걷는 동안 넘어지는 사람도 있고, 방향이 다른 곳으로 가는 사람도 생긴다.

내가 걷기 시작했다면 넘어지지 않고, 다른 곳을 바라보지 않으며 집중하고 최선을 다하는 게 중요하다. 내가 가는 길의 중간에 서서 이따금 내 손을 잡아끌며 잠시만 보고 가라고 유혹하는 일이 생길 수 있다. 앞에 걷던 사람이 내 앞에 넘어져서 내 속도가 늦어질 수도 있다. 10명이 걷기 시작했는데, 9명이 넘어질 수도 있고, 10명이 걷는 줄 알았는데, 모두 제각각 다른 방향으로 가던 사람들일 수도 있다.

출발선에서 출발했는가?
이제 여러분이 할 일은 결승점에 도착할 때까지 곁눈질하지 않고, 앞만 바라보고 뛰는 것이다. 결승점에 도착하는 사람만이 뒤를 돌아볼 수 있다. 중간에 넘어지거나 다른 곳으로 방향을 바꾼다면 그 사람은 결승점에서 멀어지고, 더 뛰어야 한다.

엘렌이 듀퐁의 대표이사가 된 2009년 1분기 매출은 전년 동기 대비 20% 추락. 주택건설 시장 등에서 화학제품과 폴리미어 침체가 원인이었는데 수입 59%가 감소했다. 이 당시 경쟁사들도 대부분 마찬가지였는데 이때 엘렌은 "우리의 이산화티타늄 사업은 광산의 카나리아처럼 되는 것 같다."고 말했다. 광부들이 공기를 호흡해도 되는지 새를 이용한 것에 비유해서 꺼낸 이야기이다.

사실, 2008년 2분기에도 새는 지저귀지 않았다. 당시엔 피그먼트사업이 문제였다. 이 시기는 전체적인 듀퐁의 침체기였는데, 엘렌은 이 당시 수석 부사장이자 최고경영진 회의 멤버였다.

• • •

"우리는 우리가 진행하는 다른 비즈니스를 검토하기 시작했고요, 각각의 유닛에서 매출을 5%, 10%, 20%, 그 이상을 줄여간다는 매출비상계획을 세웠는데, 많은 듀퐁 경영진들이 우리를 미친 것으로 보더군요."

• • •

"회사 입장에서는 우리 매출규모가 전년 대비 13%까지 올랐거든요. 2008년이 지나가면서 다른 비즈니스들도 우리 이산화티타늄 사업처럼 줄이기 시작했죠. 불행하게도 우린 미치지 않았다는 걸 증명할 수 있었어요."

경기 침체의 시작에서 적절한 타이밍 경영이 필요한 것이다.

• • •

"우리는 우리가 글로벌 재정 위기에서 고객들이 성공할 수 있도록 돕기 위해 나서야 한다고 느꼈어요."

• • •

"가장 좋은 방법은 우리 고객들이 그들의 시장에서 성공할 수 있도록 우리가 혁신을 통해서 신상품을 개발해야 한다는 것이었죠."

．．．

"여러분 가운데 혹시 누군가의 포트폴리오를 보고 만족한 적 있나요? 제 생각에 포트폴리오는 그저 실적을 보이는 기능 역할만 하는 것 같아요. 성공을 할 잠재력 또는 경쟁력 있는 위치 같은 거죠."

．．．

"우리는 아시아태평양 지역에서 성장하는 것뿐 아니라 개발시장에서 비용구조를 바로 잡는데도 노력했어요."

．．．

"그리고, 우리 스스로에게 시장에서 우리들 자신을 다르게 할 무언가 갖고 있는지 되물었죠."

．．．

"질문은 이거였죠. 우리가 매우 다른 무언가를 하면서 주주들에게 더 많은 가치를 만들 수 있겠는가?"

．．．

"높은 장애물이 있어요. 그런데 우리는 이런 장애물들을 치워야만 하죠. 세상이 어떤 모습으로 변할지 알지 못하잖아요."

．．．

"어느 기업이나 연구소에서도 예측할 수 없는 일들이 있다는 것에 대해 경계를 갖게 되었죠."

・・・

"제 생각으로는, 우리가 에너지를 얻을 수 있는 다양한 부분으로 바이오기술, 화학, 물질과학 등에 기회가 있을 것이라고 여깁니다."

・・・

"그래서 우리는 리더가 되길 원하나요? 아니면 느림보가 되길 원하나요?"

엘렌은 자신의 일에 누구보다도 집중한 사람 가운데 한 명이다. 경영자가 된 이후엔 허니문이 없었다고 말할 정도로 힘든 상황임을 고백한다. 경영자가 된 것에 대해 잠시 그 지위를 누려볼 기쁨도 없이 회사 일에 매달려야했다는 뜻이다.

경영자는 리더는 항상 위기에 빛을 발휘한다. 위기관리를 제대로 해내고 다시 정상화로 이끌어야 하는 책무가 경영자에게 있다. 경영자가 할 일이 없다면 그건 퇴보하는 회사이다. 리더로서 경영자는 어려운 상황에서 회사를 살리고, 사업하기 좋은 상황에서 회사를 더욱 발전시키는 능력이 필요하다.

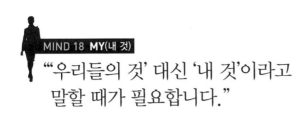
"'우리들의 것' 대신 '내 것'이라고 말할 때가 필요합니다."

데브라 L. 리(Lee, Debra L.)

데브라는 1955년 사우스캐롤라이나 포트잭슨에서 태어난 미국 여성이다. 데브라는 BET홀딩스의 사장 겸 대표이사이다.

데브라는 1976년 브라운대학을 졸업, 아시아 정치에 중점을 정치학 학사 학위를 취득했고, 하버드대학에 존F 케네디스쿨에 입학하여 공공정책 석사 학위를 취득하였으며, 하버드로스쿨에서 법학 학위를 받은 후 1980년 학생 조언자위원회의 멤버가 되었다.

1980년 8월부터 1981년 9월 사이에, 데브라는 콜럼비아 지역 미국지방법원의 법률서기로 재직했다. 데브라는 1986년 BET 부사장으로 합류하면서 고문변호사로 활동했다.

1996년 3월, 데브라는 BET홀딩스의 최고운영책임자(COO)겸 사장이 되었고, 2005년 대표이사 사장이 되었다. 데브라는 BET이사회 의장이면서 이스트만코닥, 메리어트, 레브론 이사회에서도 활동했다. 2000년 이후 데브라는 워싱턴가스조명 및 WGL홀딩스의 이사이기도 하다.

데브라 체제에서, 블랙엔터테인먼트 텔레비전은 네트워크를 향한 색

다른 포맷 방향으로 움직이기 시작했다. 데브라는 50%까지 제작예산을 늘리고 2007년에만도 16개의 새로운 쇼를 만들면서 회사 자체의 프로그램 제작에 쏟아부었다.

· · ·

"이따금, 여러분은 '우리들의'이란 말 대신에 '나의'라고 말해야 합니다."

MIND 18 | **MY**

한국어 가운데 자주 쓰이는 말이 바로 '우리'라는 말이다.

이 단어는 '우리 아내', '우리 아이', '우리 어머니'라고도 쓰이는데, 이 말을 듣는 외국인들은 이따금 고개를 갸웃거린다.

영어 사용자들은 '나'를 뜻하는 단어 'I'를 쓸 때, 항상 대문자로 쓰는데, 나를 중심으로, 나를 강조하는 문화를 지닌 것으로 판단해도 좋을 정도이다.

특히, 가족관계를 말할 때는 'My SON', 'My WIFE' 등으로 나의 것이란 표현을 한다.

이와 비슷한 문화적 표현이 있다.

우리가 칭찬을 받을 때, 가령 "정말 예쁘세요. 정말 멋지세요. 정말 잘하시네요." 라고 들었다고 하자. 그 즉시 우리 대답은 "아니에요, 별말씀을요. 과분한 말씀이세요." 등이 많다.

어떤 경우엔 손사래까지 치며 극구 부인하는 사람들도 많다.

다른 이의 칭찬에 대해서 자기를 부인하는 게 예의라고 생각하기 때문이다.

그러나 꿈과 도전, 그리고 어떤 목표를 이루고자 할 때는 소유격을 더 좁혀보자. '우리들의 것'이 아니라 '나의 것'으로 하고, '우리의 목표'가 아니라 '내 목표'라고 하자.

'우리'라고 할 때 소유의 의미가 퇴색되어 집중력이 줄어들 우려가 있다. '내가 안 해도 우리 목표'이니까, 내가 덜 해도 다른 사람이 힘써야 하는 '우리의 일'이니까. 우리가 되면 나 혼자 할 때와 비교해서 집중력과 각오가 느슨해질 우려가 생긴다는 뜻이다.

목표를 세웠는가?
꿈을 가졌는가?

우리의 목표, 우리 꿈이라고 하지 말고, 오로지 내 목표, 내 꿈으로 생각하고 도전해보자. 마음가짐부터 달라진 스스로의 모습을 보게 될 것이다.

• • •

"내가 이 회사를 움직이기 원하는 대로 회사가 움직여야 합니다."

• • •

"BET의 최고운영자로 임명되었을 때 그보다 앞서, 나는 고문변호사였죠. 시간이 흐르면서 나는 점점 더 많은 비즈니스 프로젝트를 담당했습니다."

· · ·

　"내가 새로운 역할을 맡았을 때, 회사설립자인 밥 존슨의 후임이었죠. 그건 좋은 훈련이었다고 생각해요. 하지만 밥 존슨이 떠나고 내가 CEO가 되었을 땐 어려운 스킬을 배워야만 하고, 회사의 리더가 되어야 했어요. 나는 내가 가진 비전이 무엇인지 결정해야만 했고, 어떤 열정을 지녔는지와 다른 경영진들을 움직여서 내 비전을 이루는데 나를 돕도록 해야 했어요. 내게 있어서 얼마 동안은 'My'라고 말하는 것조차 어려웠어요."

· · ·

　"나는 합의를 통해 일하는 타입이에요. 나와 같은 임원들도 있기를 바랐죠. 가령 '그것에 대해 이야기를 해보자'라고 하고 '자, 모두 동의하자!'라는 스타일이었거든요."

· · ·

　"하지만 난 정말 빠르게 깨달았어요. CEO로서 나는 이제 더 이상 그럴 수 없다는 걸 말이죠. 나는 진짜 혼자 일해야 했고요, 내 비전이 무엇인지 확실하게 알고 있어야 했죠. 그렇게 해야만 우리가 지금 하는 일에 대해 신념을 가질 수 있었어요."

· · ·

　"그리고나서, 임원들에게 넘겼죠. 하지만, 난 여전히 임원들이 원하는 걸 들어주려는 마음이었고 그들이 성취하길 원하는 것이나 그들의 욕구를 들어주려는 상태였죠. 그러나, 회사의 리더로서 내가 원하는 방식으로 회사가 움직여야 했어요. 몇 년이 지나야 익숙하게 되었죠."

· · ·

"제 앞에서 회사를 이끌던 밥 존슨은 대단히 성공적적으로 회사를 이끌었어요. 그래서 내가 CEO가 된 이후엔 말해야만 했죠. '내가 뭘 남겨야 하는 건가요?', '이 회사에서 뭘 상취해야 하는 건가요?'"

· · ·

"BET에 들어온 이후, 처음으로 우리는 뒤로 물러나 앉으며 말했어요. 우리는 누구인가? 우리는 무엇이 되려고 하는가? 우리는 어떤 모습을 보여야 하는가? 어떤 프로그램을 우리가 원하는가? 시청자들이 우리에게 원하는 것은 무엇인가? 우리는 어떻게 시청률을 높일 수 있는가? 우리가 열정을 모아서 시청자들에게 돌려줄 것인가?"

· · ·

"깊은 생각을 한 지 1년이 흘렀을 때예요. 우리 자신에게 질문하는 방식으로 우리가 BET에게 원하는 걸 찾아봤어요. 그렇게 해서 우리는 우리 브랜드를 만든 거죠. 우리는 시청자들에게 감동을 주기로 하고, 시청자들을 즐겁게 해주길 원했어요. CEO로서 내게도 도움이 되었어요. 우리가 어떤 일을 하는지 내가 정확하게 알고 있거든요."

· · ·

"나는 그 자리에서 내 직감을 믿고 결정을 빨리 내리는 법을 배워야만 했어요. 우리가 모든 정보를 갖고 있지 않다면 완벽한 답변을 찾아내서 우리에게 득이 될지 손해가 될지 계산할 수 없을 겁니다."

데브라는 여러 동료들과의 합의를 통해 일하는 사람인 동시에, 그 합의를 이끌어내기 위해서 '내 목표'를 설득시킬 수 있는 사람이기도 하다.

회사는 '우리 회사'이지만 일할 때는 '내 회사'로 생각하고 행동에 옮겨야 한다. 내 회사라고 생각할 때와 우리 회사라고 생각할 때, 각자 회사를 생각하는 마음가짐에 차이가 생긴다.

우리 회사라고 하면 나 외에도 다른 직원들이 있다는 뜻이고, 우리 가운데에는 일도 안 하면서 이래라저래라 간섭하고 참견하는 직원들이 생기는데, 다른 직원들이 모여 흉을 보게 되는 대상이 된다.

내 회사라고 생각한다면 모든 일에 솔선수범하게 되고, 회사 회의 시간에도 내 회사를 위한 내 소중한 아이디어가 나온다. 우리 회사라고 한다면 다른 사람들 눈치 보이고, 다른 사람들의 생각과 시선이 부담스러워서 얌전히 있을 사람도 생긴다는 뜻이다.

이제부터 우리 회사 대신 내 회사라고 부르자.
우리 동료들이라고 하지 말고 내 동료라고 부르자.
회사의 모든 환경이 나를 중심으로 움직인다고 확신될 때, 회사의 발전이 내 발전이 된다.

우리 것 대신 내 것이라고 생각할 때, 내 눈빛이 더 기운차고, 내 말에 더 설득하는 힘이 들어간다. 때로는 '우리'보다 '나'가 중요한 이유이다.

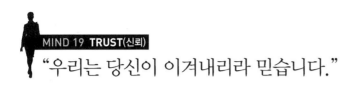
"우리는 당신이 이겨내리라 믿습니다."

마리 새먼즈(Sammons, Mary)

1946년 10월 12일 생인 마리 새먼즈는 오레건주 포틀랜드 출신 미국 여성이다. 마리는 라이트에이드의 사장 겸 대표이사이며 이전에는 프레드마이어의 사장 겸 대표이사였다. 마리는 마리허스트컬리지(現, 마리허스트대학)와 세인트 마리스아카데미를 졸업했다. 2009년에 포브스지는 세계에서 가장 힘 있는 여성 명단에 마리를 올렸다.

마리는 2007년 6월 이후 회사 이사회의 의장으로 활동하고 있다. 1999년 12월 5일에 라이트에이드 이사회 멤버가 되었으며, 2003년 6월에 회사 대표가 되었다.

1999년 4월부터 1999년 12월까지 크로거 컴퍼니 계열의 프레드마이어스토어의 대표이자 사장이었던 마리는 1985년부터 1997년까지 다양한 직책을 수행했다.

마리는 무역협회 및 국립체인약국협회 이사회 멤버이며, 스탠파이낸셜그룹의 이사이기도 하다.

· · ·

"라이트에이드에 온 첫날, 직원들로 하여금 우리가 할 수 있는 것에서 우리를 믿게 하지 않으면 —우리가 얼마나 그들을 믿는지 그들에게 알려 줘야만 했어요— 우리가 직면했던 어려움에서 벗어날 수 없을 것이란 걸 알았어요."

· · ·

"그래서 나는 처음 5개월은 현장에서 뛰었어요. 스토어와 유통업자 들, 그리고 시장과 시장을 다녔죠. 사람들과 얘기하며 상황을 극복하기 위해 우리가 해야 하는 일이 무엇인지 그들이 생각하는 바를 주의 깊게 들었어요."

· · ·

"우리는 그들이 믿어주길 바랐고, 말하길 바랐어요. '내가 사랑하는 나의 회사 라이트에이드'라고요."

MIND 19 TRUST

글로벌 성공 여성들의 단 하나의 멘토 '마인드'의 19번째 마인드는 바로 '신뢰'이다. 신뢰란 나 자신에 대한 신뢰이기도 하고, 다른 이에 대한 신뢰이기도 하다.

수많은 자기계발서에서 밝히는 '성공의 지름길' 내지는 '성공의 비밀'의 단골메뉴로 등장하는 것이 바로 '신뢰'이다. 나는 반드시 성공할 수 있다는 믿음이 성공으로 이끈다는 이야기를 한다. 성공하려면 무엇보다도 자기가 된다는 믿음을 가지라는 뜻이다.

이 이야기가 틀린 이야기는 아니다. '신뢰'는 칭찬과 같은 효과를 낸다. 바꿔 말하면, 자기 자신을 신뢰한다는 것은 자기 자신을 칭찬하는 것과 같다.

YOU CAN DO IT! (너는 할 수 있어)

내 어깨를 감싸 안고 다독여주자.
넌 할 수 있어.
넌 잘 해낼 거야.
넌 이 일을 제일 잘하는 사람이야.
난 너를 믿어.

충분한 준비를 거친 이후에 생기는 긍정의 힘은 때로 능력 이상의 효과를 발휘한다. 마음이 안정되고, 시야가 넓어지며 주장에 힘이 들어간다. 자신감으로 넘쳐나는 나를 위한 칭찬에 남은 건 성공뿐이다.

• • •

"내가 일어나길 바라는 일에 대해서 스스로 매우 집요해야 해요. 그리고 기꺼이 그 일들을 만들기 위해 더 수고할 생각도 해야 하죠. 우리가 이루길 원하는 것들을 얻을 때까지 초점을 놓쳐선 안 돼요. 이건 내가 다른 사람들에게도 해보라고 권유하는 행동이에요. 열심히 일해서 결과를 얻는 거죠. 위기를 이겨낼 용기를 갖는 거예요. 우리가 성취할 수 있는 것들을 성취할 수 있다는 긍정적인 마인드를 가져야 해요. 그러나 나는 나 혼자 모두 할 수 있다고 생각하지 않아요. 그래서 나는 내 팀원들에게 그들이 성취해야할 목표를 달성할 수 있도록 힘을 줍니다. 그들은 내가 자신들에게 요구하는 것들에 대해 확신이 있다는 걸 압니다. 그리고 그렇게 될 수 있도록 그들을 지원해줄 것이란 걸 알죠. 나는 장애물들을 없애고 그들을 격려하며 지원을 합니다. 함께 우리가 더 성공적인 회사를 만들 수 있도록 돕는 거죠."

마리는 누구보다도 긍정의 마인드를 강조한다. 바라는 목표에 대해서 집요하게 준비하고 도전하되 준비 이상으로 더 노력할 각오도 서슴지 않는다. 마리는 모든 노력을 혼자 하지 않는다. 여럿이 같이 노력할 때 힘이 배가 된다는 걸 알기 때문이다.

우리가 원하는 것들을 얻을 수 있다는 자기 확신을 부여하고, 동료들의 어깨를 격려하며 같이 달려야 한다. 경영자로서 직원들 앞에 놓일 장애물을 없애고 같이 뛰는 것이다.

"숫자가 아니라 상품이 비즈니스를 합니다."

로라 디스먼드(Desmond, Laura)

글로벌마케팅 서비스기업을 이끄는 가장 젊은 CEO 가운데 한 명인 로라는 아이오와 주립대학 졸업 후, 광고홍보 쪽에 업무경력을 꾸준히 쌓았으며, 세계에 110개 사무소를 갖고 6천 명의 직원을 고용하고 있는, SMG의 글로벌 CEO가 된 이후에 닌텐도, 오라클, 프록터앤갬블, 삼성, 월마트 등과 일하고 있다. 로라는 SMG 역할에 추가하여, 비바키 이사회 멤버이기도 하다.

글로벌CEO가 되기 전에, 로라는 SMG의 대표이사였다. 2003년부터 2007년까지 로라는 미디어베스트의 CEO 직함을 갖고 코카콜라, 메텔, 웬디스, 그리고 다른 기업들로부터 새로운 비즈니스를 따내는데 성공했다. 궁극적으로는 미디어위크지로부터 '올해의 미디어 경영자'라는 타이틀을 얻게 했다.

2000년, 로라는 스타콤미디어베스트그룹라틴아메리카의 CEO가 되었다. 로라가 맡은 지역에서 회계 연도 두 배 성장을 했을 뿐 아니라 로라는 여러 대표 브랜드들을 포함하여 크래프트로부터 새로운 비즈니스를 따냈다.

. . .

"제가 어린 나이에 CEO가 되기를 계획했던 건 아닙니다. 그러나 나는 개인에게 좋은 것과 회사를 위해 좋은 것 사이에서 상호 작용을 하는 부분을 찾아서 오랜 동안 배웠는데, 그 덕분에 좋은 커리어를 갖게 되었습니다."

. . .

"우리는 내부 소통을 위해 많은 시간을 사용했습니다. 나는 새 프로그램을 '첫 번째 금요일'이라고 부르는데요, 그건 25명의 스태프들을 초대해서 저랑 같이 아침식사를 하는 거예요. 그들이 하고 싶은 어떤 질문을 해도 내가 대답하는 방식이었죠. 이 일은 2~3개월이 걸렸어요. 비전을 소통하는 것은 강력해야 하고 참을성이 있어야 하죠. 나는 그들에게 그들을 믿고 회사도 그들을 믿으며 그들의 고객도 그들을 믿는다는 걸 보여줘야만 했어요."

. . .

"우리는 그냥 서 있지 않습니다. 우리는 여전히 싸우고 있습니다."

. . .

"숫자는 비즈니스를 하지 못합니다. 파이낸셜은 비즈니스를 하지 못합니다. 상품이 비즈니스를 합니다."

숫자에 강한 사람들이 있다. 계획표를 잘 짜는 사람들이다.

몇 시부터 몇 시까진 수학을 공부하고, 몇 시부터 몇 시까지는 영어를 공부한다는 계획을 짠다. 그러나 계획했던 몇 시, 몇 시는 어느새 사라지고, 수학에만 매달리거나 또는 밖에서 겉도는 자신을 보게 된다.

숫자는 비즈니스를 못 한다. 고객은 숫자를 사는 게 아니라 상품을 사기 때문이다. 각자 가진 비전과 꿈, 성공도 마찬가지이다.

자기 확신을 갖고자 스스로 마음 편하게 되려고 내 꿈에 대한, 내 성공에 대한 가치를 숫자로 표시하려고 하지 말자.

숫자는 자기 마음을 위로할 뿐이다.

그런데 우리에게 필요한 건 마음의 위로가 아니라 실제 행동이다.

실제 [행동]이란 [꿈]이라는 [상품]을 만드는 것과 같다.

상품이 비즈니스를 만든다. 숫자가 중요한 게 아니라 꿈을 실행하는 게 중요하다. 꿈이란 상품을 세상에 내놨을 때 베스트셀러가 될 것인지, 스테디셀러가 될 것인지는 중요하지 않다.

내가 만든 상품에는 나만의 색깔과 정열, 노력과 도전이 담겼기 때문이다.

[상품]이 되건, [작품]이 되건 중요하지 않다는 뜻이다.

내가 만드는 모든 상품(꿈)은 그 자체가 히트상품이다.

．．．

"모든 사람들이 같은 걸 생각한다고 할 때도, 그걸 실제로 실행하는 사람들은 거의 없습니다."

로라는 광고가 사회에 미치는 긍정적 영향에 대해 논쟁하던 학생이었다.
"나는 '광고홍보' 안에 무엇인가 있다고 생각했어요. 그리고 긍정적으로 포용하려고 했죠. 그걸 잘했다고 생각해요."

2003년, 로라는 어려움을 겪던 미디어베스트미국 파트의 대표이사가 되었으며, 적자를 전환시키고 곧 코카콜라로부터 3억 5천만 달러 오더를 따내는 동시에 웬디스, 월마트 등의 기업들을 파트너로 두고 있다.

로라는 경영자로서 기업 가치 극대화라는 성공을 이루기 위해 내부 소통에 중점을 뒀다. 직원들과 가진 '첫 번째 금요일'이라는 미팅을 통해서 현장의 정보를 직접 듣고, 현장에서 일하는 직원들과 의사소통 창구를 단일화했다.
내부 구성원을 하나로 통합하면서 의사소통을 통해 유기적으로 움직이는 회사를 만들었고, 그로 인해서 전 직원들에게 도움되는 회사의 성장을 이뤄낸 것이다.

회사의 성장은 경영자가 만들어야 하는 상품이다.
경영자는 대표이사 자리에 앉아서 숫자를 계산하고 자신이 경영하는 가치를 숫자로 표현하는 게 아니다. 로라는 숫자가 아니라 기업을 하나의 상품으로 만들면서 자신의 목표를 이룬 것이다.

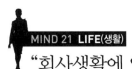

"회사생활에 익숙하게 해주는 모든 일을 하라."

제인 후라이드맨(Friedman, Jane)

제인은 오픈로드인테그리티드미디어의 CEO이자 공동 창업주이다. 제인은 1997년부터 2008년까지 세계적인 영어출판사 하퍼콜린스의 대표이사 겸 사장이었다.

휴렛고등학교를 졸업한 이후, 제인은 1967년 뉴욕대학에서 영어 학사를 취득했다. 제인은 랜덤하우스출판사의 수석 부사장, 크노프퍼블리싱그룹의 수석 부사장, 빈티지북스 출판, 랜덤하우스오디오퍼블리싱 설립자 겸 사장이었다.

제인은 랜덤하우스에서 하퍼콜린스로 옮겼는데, 제인이 하퍼콜린스에서 새롭게 시작한다는 소식은 2008년 6월 5일 수요일자 뉴욕타임즈와 월스트리트저널에도 게재되었다.

제인은 미국출판협회이사회, 리터라시파트너, 예일대학 출판, 포에츠앤롸이터즈 이사회에서 활동한다.

제인의 아버지 Bert Lippman은 그래픽아티스트였고, 어머니 Ruth는 뉴욕의 미스 서브웨이 가운데 한 명이었다.

· · ·

"나는 두 명의 멘토가 있습니다. 내가 성장한 곳인 크노프출판사의 편집장인 로버트 갓립인데요, 내게 여러 가지를 가르쳐줬죠. 아이디어는 좋건 나쁘건 가져라. 그리고 모든 것에 관심을 가져라."

· · ·

"당신이 회사대표를 위해 커피를 타서 갖다 준다면 그것도 좋다. 당신은 그 커피기계에서 무언가를 들을 수 있기 때문이다. 메일을 열고, 전화를 받는 등 일하는 회사에서 회사생활에 익숙하게 해주는 모든 일을 하라."

MIND 21 · LIFE

꿈과 도전을 생활이 되게 하라는 멘토(MENTO)이다.
이제 갓 회사생활을 시작한 사람이나 어떤 일을 새롭게 도전하는 사람은
'답'은 없고 오로지 '질문'만 가득하다.

이때 질문을 들고 혼자 헤맬 게 아니라 질문에 답을 가진 사람을 찾아 답을
구해야 한다. 이와 같은 [질문하기]와 [답 구하기]가 일상생활이 되어야 한다.

생활이란 우리가 하루 일과를 보내는 것과 같다.
눈 뜨고 하는 일이 눈 감고 잠자기 전까지 이어지는 것을 말한다.

질문하기란 우리가 모르는 것을 다른 사람에게 물어보는 것이고,
답 구하기란 정답을 알고 있는, 최소한 조언을 해줄 수 있는 사람을 찾아가

는 과정을 뜻한다.

단, 주의해야할 점은 자신이 하는 낯선 일에 대해서 주관대로 평가하고 재단하지 않아야 한다는 점이다.

회사에 취직한 사람이 있다. 회사 취직한 지가 꽤 시간이 흘렀는데도 자신이 하는 일은 커피 타기와 잔심부름, 즉 서류 복사하기 같은 것이라면 회의감이 들 수 있다.

내가 이러려고 회사에 들어왔나?
내가 이것밖에 안 되는 사람인가?
다른 사람들이 나를 무시하는가?
나 없으면 이 회사 큰 손해나는 걸 모르나?

한 회사의 구성원이 되면 자신의 판단과 생각보다는 회사의 움직임에 자신의 걸음을 맞춰야 한다. 회사가 빨리 걸으면 자신도 빨리 걸어야 하고, 회사 느리게 걸으면 자신의 속도도 늦춰야 한다.

나는 빨리 걷고 싶은데 회사가 느리게 걷는다고 해서 나만 빨리 걸으면 회사에 도움이 안 된다. 회사는 여러 사람이 모여 움직이는 하나의 커다란 생물체이다. 그 가운데 나 개인은 작은 세포 하나로 취급되는데, 세포가 도드라지면 그건 짜내야할 뾰루지가 된다.

회사생활이 내 생활이 되게 해야 한다.
입사를 준비하는 과정이라면 취업준비가 내 생활이 되어야 하고,

시험을 준비한다면 시험 준비가 내 생활이 되어야 한다.

회사 구성원들은 회사 일에 대해 경영자가 되기 전까진 자신의 판단을 미뤄야 한다. 구성원으로서 할 일은 질문하기와 답 구하기이다.

그렇게 회사에 익숙하게 되는 모든 회사생활을 해야 한다.

· · ·

"질문하기와 확신에 대한 많은 것을 배웠어요. 난 아마 영원히 빚을 진 것 같을 거예요. 우리는 자주 세일즈 컨퍼런스를 열었어요. 그는 제가 자기에게 도서 목록을 발표하길 원한다고 말했죠. 하지만 내가 발표한 목록에 대해선 내게 어떤 말도 해주지 않았어요. 까다로운 일이었죠. 그러나, 한 가지 사실은, 확신을 갖지 못할 때에는 내 프레젠테이션을 멈추게 했다는 거예요. 내게 말하더군요. '당신은 말할 줄 알아요. 말해요.'라고요."

· · ·

"다른 멘토는 앤토니 셔틀이란 사람이죠. 밥의 카운터 파트였어요. 그 사람은 크노프에서 출판과 비즈니스 영역을 담당했죠. 그 사람이 내게 가르쳐준 게 'NO라고 말하는 법'이에요. 회사에서 직위가 올라갈수록 NO를 말해야할 때가 오잖아요. 모든 사람이 당신을 사랑하게 하지 말라는 말은 당신은 결정을 내려야만 한다는 뜻으로 알아요. 그 두 사람은 모두 문학을 사랑하고 책을 사랑했죠. 그 두 사람 사이에서 나는 진짜 많은 인생과 비즈니스 교훈을 배웠어요."

· · ·

"나를 움직이는 힘은 거의 정확하게 내가 이 비즈니스에 들어왔을 40년 전에 나를 움직였던 것과 같아요. 그것은 최고의 책을 출판하자는 거예요. 최고의 책을 얻기 위해서 출판과정도 중요해요. 그리고 그 책들을 대중 앞에 보일 때는 가능한 최고의 마케팅을 동반해야 하죠."

· · ·

"제가 아침에 일어나서 처음 보길 원하는 것은 많은 신문에서 책을 리뷰해주는 거예요. 그 다음 제가 보길 원하는 것은 우리 작가들이 미디어에 등장하는 거예요. 좋은 책을 출판하자는 게 나를 움직여주는 힘이에요."

· · ·

"제가 다른 여성들에게 주는 어드바이스는 남자들에게 주는 것과 같은 어드바이스예요. 왜냐하면 요즘은 평등하니까요. 여러분이 하는 일에서 최고가 되세요. 그리고 여러분이 중심이 되어야만 해요. 비전을 갖고 활동하세요."

· · ·

"요즘 여성들은 특히 출판에서 이제 더 이상 출판의 한구석에 머물진 않아요. 편집장들도 많고요, 비즈니스를 하기도 해요. 재정회계를 담당하기도 하죠. 여러분이 될 수 있는 최고가 되세요."

제인은 회사에서 멘토를 찾고, 자신의 생활을 회사에 맞추면서 경영자의 위치에 오른 인물이다. 멘토란 정신적인 가치관을 정립해주는 역할의 사람으로 번역할 수 있는데, 제인은 회사의 일부가 되어 회사 속에서 자신의 도전 목표를 이룰 준비를 했다.

제인의 꿈은 좋은 책을 출판하자는 것이었고, 그런 꿈이 회사의 목표에도 부합되어 시너지 효과를 낸 것이다. 제인이 가진 꿈에 대한 질문에 대해 답을 구할 사람들은 회사에 넘쳐났다. 제인은 자신만의 멘토를 설정하고, 그들에게 도움을 받아 자신의 능력을 다듬어갔다.

회사의 구성원으로서 자신의 꿈과 회사의 목표가 같을 때 더 큰 시너지 효과를 갖는다는 걸 직접 보여준 경우다.

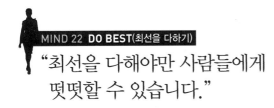

"최선을 다해야만 사람들에게
떳떳할 수 있습니다."

크리스티나 골드(Gold, Christina)

2006년 이후, 크리스티나는 세계의 자금송금을 담당하는 웨스턴유니온의 대표이사 겸 사장이다. 2002년부터 2006년까지 크리스티나는 웨스턴유니온의 재정담당 책임자였고, 웨스턴유니온의 모기업인 퍼스트데이타코포레이션의 선임 수석 부사장이었다.

1999년 10월부터 2002년 5월까지 크리스티나는 엑셀커뮤니케이션의 대표이사 겸 사장, 이사회 의장이었고, 1998년 3월부터 1999년 10월까지 비컨스필드그룹의 대표이사 겸 사장이었다.

1997년부터 1998년까지 크리스티나는 에이본프로덕츠의 글로벌개발 담당 수석 부사장이었고, 1993년부터 1997년까지는 에이본노스아메리카의 사장이었다. 크리스티나는 또한 웨스턴유니온컴퍼니 및 뉴욕라이프보험의 이사였다. 크리스티나는 1965년 비컨즈필드 고등학교를 졸업하고 오타와에 소재한 칼튼대학에서 1969년 지리학 학사 학위를 취득했다. 크리스티나는 비즈니스위크 선정 1996년 최고경영자 25명 가운데 선정되었다.

크리스티나는 캐나다 오타와에 소재한 칼튼 대학을 졸업했고, 1997년 이후 ITT의 이사로 재직했는데 에이본캐나다와 함께 19년 동안 20개의 분야에서 근무하면서 1989년 크리스티나의 이름은 '운영의 대가'라고 불리게 되었다.

크리스티나는 1947년 9월 12일, 네덜란드에서 태어났다. 아버지는 전 올림픽 체조선수이자 육군장교였고, 어머니는 캐나다 간호사였고 화가이기도 했다. 크리스티나가 4살 때 가족들과 함께 캐나다 몬트리올로 이사했는데, 크리스티나는 부끄러움이 많은 과체중의 사춘기 소녀 시절을 보냈다.

$$\bullet\ \bullet\ \bullet$$

"아버지는 내게 '너는 네가 할 수 있는 최선을 다해라. 그래야 사람들에게 떳떳할 수 있다.'고 말씀하셨다."

MIND 22 DO BEST

최선을 다하라. 이처럼 쉬운 말은 없다. 쉽다는 표현은 말하기 쉽다는 뜻이다. [최선을 다한다]는 건 저마다 판단 기준이 다르다. 1개를 가진 사람이 1개를 모두 던져서 일을 하면 그게 최선을 다한 것인데, 5개를 가진 사람이 자기가 가진 것 가운데 2개만 던져서 일을 한다고 하면 그건 자신의 최선을 다한 것이 아니기 때문이다.

1개를 가진 사람이 보기에 2개를 던지는 사람이 일을 이루는 것을 보면, '아, 저 정도로 일을 해야 성공하는데, 나는 1개만 던져도 성공했으니 큰 성공이다'라고 말할지라도 말이다.

[최선]이란 '가장 좋은 것', 또는 '더 이상 남은 것은 없는 상태' 등으로 이해할 수 있다.

사업을 하는 사람이 자신의 온 힘과 정열을 쏟아부어 일을 하는데, 흔히 사용하는 표현으로 "목숨 걸고 한다"는 말처럼 자신의 시간과 경력 등 모든 것을 다 쏟아부어야 성공에 가깝게 갈 수 있다.

어떤 일에 도전하는 것도 마찬가지이다.
자신의 목표가 시험에 도전하는 것이라면 잠을 줄이더라도 시험공부에 사용할 시간을 만들어 최선을 다해야 한다. 두뇌 지능지수의 좋고 나쁨이야 있지만 각자에게 주어진 시간의 양은 하루 24시간으로 똑같기 때문이다. 똑같은 시간이라는 조건에서 최선을 다한다는 의미는 다른 시간을 줄여서 시험 준비에 사용한다는 뜻이다.

최선을 다하고 있는가?
어떠한 목표라도 좋다. 자신이 최선을 다하고 있는지 체크해보자. '최선을 다하고 있다'라는 기준은 부족함 없이 모든 걸 쏟아붓는다는 것이다. 공부를 하면서 일을 하면서 이런저런 핑계를 대는 것은 아닌가? 다시 되짚어가며 점검하자.

• • •

"내 남편이 '당신은 안 할 거야'라거나 '당신은 할 수 없어'라고 말했다면, 나는 진짜 할 수 없었을 거예요."

크리스티나는 남편의 조언으로 자신의 목표에 이른 인물 가운데 한 명이다. 사랑하는 사람으로부터 받는 격려는 이 세상 어떤 약보다도 큰 힘을 만들어준다. 사랑의 힘에 꿈을 이루고자 하는 힘이 더해지면서 그 능력의 결과는 상상 이상으로 늘어나기 때문이다.

어떤 목표를 갖고 도전 중인가? 그렇다면 사랑하는 사람에게 격려 한 마디 요구하자. 짧게 "넌 할 수 있어!"도 좋고, "너를 믿어!"도 좋다. 어떤 말이던지 사랑하는 사람의 격려는 힘이 되고 에너지가 된다.

"내가 여자라는 이유로 다르게
대우받는 걸 원하지 않습니다."

샤를린 베글리(Begley, Charlene)

샤를린 베글리는 제너럴 일릭트릭엔터프라이즈솔루션, 제너럴일렉트릭의 대표이사 겸 사장이다. 베글리는 GE에서 20년 넘게 근무했다. 베글리는 회사에서 다양한 리더십을 보였으며 GR캐피털모티지서비스의 운영담당 부사장, GE운송서비스에서는 최고재정담당자를 지내기도 했다.

2005년 7월, 베글리는 대표이사 사장으로 임명되었으며, 2년 후에는 사우디아라비아회사와 116억 달러에 이르는 거래를 성사시켰다.

2007년 베글리는 GE 엔터프라이즈솔루션의 대표이사가 되어, 세계 경제포럼의 젊은 지도자 리더로 활동했다. 베글리는 포춘지가 선정한 가장 힘 있는 여성 50인 중에 한 명이다.

• • •

"미시건 주 정부와 파트너십을 시작한 초기에 우리는 우리가 본 것에 대해 대단히 놀랐습니다. 2009년 10월 기술연구소를 연 이후 미시건 주에 재능을 가진 사람들이 많은 걸 봤거든요. 최근, 우리는 기술센터에 경험이 풍부한 프로페셔널 연구원들을 200명을 채용했습니다. 연구소에서 근무하는 정보기술자들과 기술자들은 소프트웨어 혁신에서 GE를 도울 것입니다. 우리는 지구에서 이곳이 GE의 가장 큰 IT기술자들이 모인 곳이 되기를 바랍니다."

· · ·

"우리는 혁신이야말로 GE의 미래 즉, 나라의 미래, 미시건 주의 미래라고 믿습니다. 그리고 주 정부의 막대한 지원에 대해서도 매우 감사합니다. 또한 이 지역의 장점에 대해서도 매우 감명을 받았습니다. 역사적인 면모를 보더라도 미시건 주는 고급 제조기술의 리더가 되기에 적합한 위치를 갖고 있습니다. GE는 이 일부가 된 것을 행복하게 생각합니다."

베글리는 최고 위치에 자기 자리를 만들면서 여성 경영진의 시대를 연 사람인데, 정작 베글리가 주말에는 일하지 않는다고 하자 많은 사람들이 믿지 않았다고 한다.

GE의 최고경영진 173명 가운데 13.3%가 여성이다. 6년 전에는 4.5%였으니 좋은 현상이다. 그러나 미국 500대 기업은 평균 여성 임원 비율이 15.7%이다. (자료 from Catalyst. Inc.)

베글리는 항상 자기 자신을 차별화하기를 시도했는데, 베글리의 언니 데브라 터코트는 말하길 "베글리와 수업을 같이 들은 적이 있었는데, (좋은 의미의) 모욕을 느낀 적이 있다."라고 고백한다.

한편, 베글리는 자신에게 가장 큰 장학금을 제공해서 다니게 된 버몬

트대학에서 1988년 경제학 박사를 취득한 후, GE의 재무관리프로그램으로 다툼을 한 적이 있는데, 친구의 아버지는 베글리에게 말하길 GE는 "세상에서 가장 좋은 회사"라고 했던 적이 있다. 베글리가 자신의 원칙과 판단을 중시했음을 보여준다.

베글리가 GE에서 처음 맡은 업무는 루이스빌에 소재한 GE어플라이언시즈에서 자재 소싱 방법을 개선하는 것이었는데, "나는 내가 하는 업무에 대해서 어디서 풀어가야 할지 몰랐어요."라며 옛 기억이 나는 듯 눈물을 보이기도 했던 모습은 어려움이 닥쳐도 해결책을 찾기 위해 최선을 다하는 베글리의 마음가짐을 보여주는 순간이기도 하다.

• • •

"나는 네트워크에 대해 공부하는 것으로 업무를 준비하기 시작했다."

• • •

"나는 내가 여자라는 이유로 다르게 대우받는 걸 조금도 원하지 않습니다."

MIND 23   **DIFFERENCE**

여자 가운데 '여자'라서 못하는 일이 많다고 생각하는 사람들이 많다. 여자는 힘이 남자보다 적고, 몸도 약하고, 여자라서 어떤 일을 못한다고 말한다.

여자가 그걸 어떻게 해?

난 여자니까 그런 거 안 해.

여자가 어떻게 그런 말을 해?

'여자라서, 여자이니까, 여자이기 때문에'이다. 여자가 아니었으면 어떻게 했을까 걱정되는 사람들이다. 여자라서 못하는 일투성이인데 여자가 아닌 남자였다면 그 많은 일을 혼자 다하느라 얼마나 힘들었을까 고민되는 사람들이다.

그러나 문제는 여자라서 못한다는 사람들이 생각하는 그 일들을 다른 다수의 여자들이 이미 했거나, 지금도 하는 중이라는 사실이다.

세상에 여자라서 못하는 일은 없다.

여자이기 때문에 안되는 일은 더더욱 없다.

여러분이 여성이라면 곰곰이 생각해보자.

여자라서 포기했던 일이 있는가?

여자이기 때문에 시도도 하지 않았던 목표가 있는가?

그렇다면 여러분은 큰 기회를 놓친 것이다.

많은 여성들이 '여자라서 못한다'고 하는 그 일이야말로 가장 경쟁률 낮은 최적의 아이템이다. 다른 여성들이 못한다고 뒤로 물러설 때, 여러분이 그 일을 해낸다면 그 가치는 더욱 배가 된다.

미뤄두었던 꿈이 있다면, 여자라서 잠시 접었던 꿈이 있다면 지금 다시 펼

치자. 여러분은 그 어느 누구보다도 가장 손쉽게 꿈을 이룰 수 있는 기회를 거머쥘 것이다.

• • •

"유연성이야말로 내 업무에 성공에 꼭 필요하다는데 이의가 없습니다."

• • •

"내 아이들은 나의 절대적인 우선순위 1위입니다."

지금도 주말엔 일하지 않는 베글리의 이야기이다.

베글리는 주말에 일하지 않는 것으로 사람들을 놀라게 했고, 자신이 여성이라는 점으로 다른 이들과 다르게 대우받지 않도록 해달라고 했으며, 자신만의 장점을 극대화할 수 있는 차별화를 가지려고 노력한 인물이다.

그러나 자신이 어떤 생소한 일을 처음 맡을 때, 그 방법을 몰라서 혼자 남모르게 고생한 기억으로 눈물을 흘리는 여자이기도 하다. 여자라서 흘리는 눈물이 아니라, 자신이 어떻게 해야 하는지 판단할 수 없어서 흘리는 눈물이었다.

기업의 경영자는 크건 작건 기업을 이끌어야할 운명을 타고 태어난다. 어려운 기업 경영 여건에서도 기업을 성장시켜야 하고, 기업의 이윤추구 및 회사주주들의 가치를 위해 어려운 결정을 내릴 때에도 혼자 감내해야 하는 결정의 순간을 겪는다.

 기업의 리더로서, 경영자의 위치에서 베글리는 흔들리지 않고 필요한 일을 찾아나가는 법을 배웠다. 그리고 필요한 일과 급하지 않은 일을 분류하며 자신의 가치를 세운 인물이다.

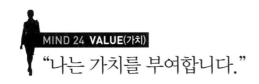

MIND 24 VALUE(가치)

"나는 가치를 부여합니다."

클라라 훠스(Furse, Clara)

1957년생 클라라는 2001년부터 2009년 사이에 런던 증권 거래소에서 재임한 최고임원이자 최초의 여성이다. 2005년 클라라는 포춘지가 선정한 가장 힘 있는 여성 19위에 이름을 올렸으며, 2007년 클라라는 타임지가 선정하는 세계에서 가장 영향력 있는 인물 100명에도 뽑혔다.

클라라는 네덜란드 부모 사이에서 캐나다에서 태어났으며, 덴마크, 영국, 콜롬비아에서 학창시절을 보냈다. 클라라는 1979년 런던경제학교를 졸업하고 경제학 학사를 취득했다.

2001년 2월, 런던증권거래소의 최고임원으로 임명된 클라라는 2009년 5월 20일까지 재임했는데 실제는 7월 중순까지 이사회 활동을 했다. 이전에 클라라는 1998년부터 2000년까지 크리요네社의 최고임원으로 재직했다.

클라라는 글로벌금융시장의 넓은 범위에서 경력을 쌓았다. 1979년 브로커로 시작했고, 1983년 필립앤듀(現, UBS)에 입사했으며 1988년엔 회사의 이사를 거쳐 1992년엔 임원으로 올랐고 1995년엔 전무가 되었으며

1996년에 글로벌 미래 담당 수석이 되었다.

클라라는 상하이 국제금융자문위원회 회원이며, 차터드경영연구소, CBI 대통령위원회 등의 멤버이기도 하다.

• • •

"현재 매우 흥미로운 것은 우리가 영향력에 집중하느라 치명적인 결과에 관해서 잊어버렸다는 것입니다. 자산 가치에 비해 과세 규모가 너무 작다는 점에 대해 우리가 정부를 설득했어야 했는데 여기에 극히 미미한 노력을 했다는 것이 나의 주된 후회입니다. 공평한 경쟁의 장이 있다면, 주식 보유로 인해 생기는 수익 가치가 부채에 의존하는 회사를 보호해 줄 것인데 말이죠."

MIND 24 VALUE

성공을 위한 멘토 24번째는 가치(VALUE)이다. 가치란 다른 표현으로 '중요성' 또는 '값어치'와 비견될 수 있다. 다시 말하자면, 성공을 하는 이유가 나뿐 아니라 다른 사람을 위해서도 좋은 값어치를 지녀야 하며, 나와 다른 사람들에게 중요한 일이어야 한다는 뜻이다.

[가치]란 쓸모의 정도를 말하기도 한다.

회사에 다니며 나의 가치는 얼마 정도일까? 생각해본 적이 있는가?
일반적인 경우를 예로 들어 설명해보면, 비즈니스의 기본 최소 배율은 3으로 이뤄진다. 기업이 1을 투자하면 그 3의 배수로 수익이 생겨야 기업이 원활하게 잘 운영된다는 뜻이다.

가령 여러분에게 1원이란 급여를 지불했다면 기업은 한 달에 3원을 벌어들여야 한다. 기업 스스로가 벌어들여서 여러분에게 준다는 뜻이 아니라 여러분이 기업에게 1원을 받은 만큼 기업에게 3원을 벌게 해줘야 한다는 뜻이다. 여러분이 한 달에 1백만 원을 급여로 받는다면, 여러분으로 하여금 기업이 벌어들일 수익은 3백만 원이 되어야 한다.

3의 배수란 이렇게 구분한다.

1은 여러분에게 다시 투자되어야 하는 인건비 즉, 비용으로 감산되고, 1은 기업의 수익, 나머지 1은 기업의 투자비가 된다. 기업이 성장하려면 투자가 지속적으로 이어져야 하기 때문이다.

자, 과연 그렇다면 여러분은 1을 받고 3을 벌고 있는가 생각해보라.
그 이상을 벌 경우, 기업 내에서 여러분의 위치가 높아진다. 1을 비용으로 썼는데, 3 이상의 수익이 나올 경우, 기업은 여러분을 더 높은 직급에 배치해서 더 많은 수익을 벌기 원할 것이다. 그렇게 해야만 기업이 성장하고 더 많은 사람들이 직업을 얻어 사회에 공헌하게 된다. 여러분의 가치는 지금 받는 급여의 3배로 추산된다는 뜻이다.

또 다른 가치란 내가 하는 일의 값어치이다.
내 꿈의 값어치이고, 내 목표의 값어치이다.

여러분이 되고자 하는 위치는 여러분 인생에서 어떤 값어치를 지니고 있는가 중요하다. 내가 되고자 하는 위치가 단순히 급여를 많이 받기 위해 되려는 것이라면 차라리 장사를 하는 게 빠르다.

그렇지 않고 여러분이 되고자 하는 위치가 사회에 공헌하기 위해 다른 이들을 돕는 권한을 갖기 위한 자리라면 여러분의 인생을 투자해서 얻어볼 가치가 있다고 말할 수 있다.

가치라는 것은 지극히 개인적인 판단기준인 동시에 다른 사람들로서도 평가되는 값어치이다.

· · ·

"내가 그것에 대해 이야기를 할 수 있게 되기를 원합니다만, 그들은 비공식 미팅을 했습니다."

· · ·

"물론 런던 증권거래소는 특별합니다. 우리는 다른 금융 센터보다 더 국제적으로 공정한 거래를 합니다. 나는 런던을 위한 것뿐만 아니라, 글로벌 경제를 위하여 시장이 이룬 것에 대해 커다란 가치를 부여합니다."

클라라는 글로벌 금융 분야에서 성공한 여성이다. 런던 증권거래소 최고 책임자를 지내며 유럽 금융 및 글로벌 금융에 영향력을 가졌다.

클라라는 공정성을 강조하며 글로벌 경제를 위해 국제 금융시장이 이뤄낸 것에 대한 자부심을 갖는다. 자신의 일이기도 한 금융기능으로 글로벌 경제가 유기적으로 작용하여 경제 침체 위기를 극복해나가고 있다는 점이다.

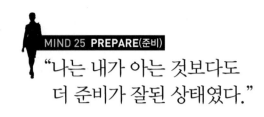

"나는 내가 아는 것보다도
더 준비가 잘된 상태였다."

앤 멀케이(Mulcahy, Anne)

1952년생인 앤은 제록스의 전 이사회 의장 및 대표이사이다. 앤은 2001년 8월 1일 제록스의 CEO가 되었고, 2002년 1월 1일 이사회 의장이 되었다. 제록스 이사회와는 별도로, 시티그룹 카타리스트 이사회의 멤버, 타겟코포레이션, 후지제록스 이사회의 일원이 되었다. 앤은 최고경영자지가 선정한 '2008 올해의 CEO'로 선정되었다.

월스트리트저널은 2005년 주목해야할 여성 50인에 앤을 포함시켰고, 2005년 포브스지는 미국에서 가장 힘 있는 여성 6위에 랭크 시켰다. 2008년엔 미국 뉴스앤 월드리포트에의해서 미국의 최고지도자로 선정되었다.

앤은 미국 뉴욕 록빌센터 태생이다. 1974년에 뉴욕 태리타운에 소재한 마리몬트컬리지에서 영어저널리즘으로 학사 학위를 취득했으며, 2년 후 1976년 현장 영업담당자로 제록스에 합류했다. 1992년부터 1995년까지 앤은 인적자원, 보상, 혜택, 인적자원전략, 노사관계, 경영개발, 직원교육을 담당하는 부사장으로 재임했다.

앤은 1997년에 최고스태프관리자를 거쳐 1998년 수석 부사장이 되었으며, 그에 앞서 남아메리카 및 중앙아메리카, 유럽, 아시아, 아프리카, 중국 지역의 고객전략 담당 부사장 및 스태프관리자로 근무했다.

비록 제록스를 경영하는데 결코 뜻이 없었을지라도, 앤은 2001년 이사회에 선출되었고, 앤이 2001년 8월 1일 CEO가 되자 주식가격은 8달러 25센트로 올랐는데, 앤이 이사회 의장이 되자 주식가격은 10달러 5센트까지 또 올랐다. 그러나 앤이 사퇴를 밝히던 날 주식시장에서 제록스의 종가는 6달러 82센트까지 하락한 채 장을 마쳤다.

• • •

"그것은 오늘날 시장에서 일어나는 제대로 기능을 발휘하지 않는 일 중에 하나이다."

• • •

"나는 기대수익 설정을 바꾸려는 기업들과 규칙을 다시 정하려는 기업들에게 박수를 쳐줄 것이다. 내가 만약 개인적으로 제록스를 움직일 수 있다면 나는 과거에 그렇게 했을 것이다."

• • •

"나는 많은 CEO들과 조용한 분위기에서 서로 대화를 했다. 우리는 말했다. 나는 신경 안 씁니다. 나는 단지 장기적으로 초점을 맞춥니다만 압박은 정말 강하더군요."

· · ·

"나는 다음 세대의 리더들이 우리가 서로 만든 재무구조 방식을 변형해주기를 희망한다."

· · ·

"1999년대 말부터 2000년대에 모든 것들이 얼마나 빠르게 흐트러지기 시작했는지 경고하고 있었다."

· · ·

"우리가 퍼펙트스톰(완벽한 폭풍: 여러 가지 상황이 겹쳐 더없이 나쁜 상황)이란 용어를 만들어낸 줄 알았다."

· · ·

"판매실적에 따라 여러분이 정량 분석에 의해서 계산되어 보상을 받는다는 사실이 너무 기쁘다."

· · ·

"내가 대표이사 겸 사장 차리를 요청받았을 때, 그게 얼마나 큰 놀라움이었던지 여러분들에게 꼭 말해주고 싶다. 그러나 나는 내가 아는 것보다도 더 준비가 잘된 상태였다."

MIND 25 **PREPARE**

도전은 꿈에 이르기 위한 준비 과정이다. 목표에 도달하기 위한 준비 과정이기도 하다. 혹자는 말한다. "준비된 사람만이 기회를 갖는다."

'준비'란 그만큼 중요하다. 오랜 기간 기다리던 끝에 마침내 '기회 (CHANCE)'가 왔는데 기다리던 사람이 준비도 안 하고 오로지 기도만 하고 있었다면 기회는 금세 지나가고 만다.

'기회'는 영리한 고양이와 같아서 자신이 머물 곳인지 아닌지 따져보고, 자신이 머물 곳이라면 눌러앉지만 그렇지 않다면 바로 지나가버린다. 기회란 날아다니는 풍선 같아서 내 앞에 왔을 때 꽉 부여잡아야 한다. 기회를 하늘에 둥둥 띄우는 바람이 사방에서 불기 때문에 기회라는 풍선은 금방 다른 곳으로 언제든지 날아가버리기 때문이다.

'준비'란 정도의 차이가 중요하다.

똑같은 시험을 보더라도 누가 더 많은 시간을 투자했는가가 중요하지 않고, 누가 어떤 내용으로 준비했는가가 중요하다. 어떤 내용이란 자신이 원하고 기다리는 '기회'가 왔을 때 붙잡을 준비를 잘 했는가와 같은 뜻이다.

여러분은 지금 준비하고 있는가?

도전하는 모든 과정을 준비라고 할 수 있다. 그러나 단순히 도전하는 그 과정 자체에만 신경 쓴다면 허울뿐인 준비가 된다. 내용이 없다는 뜻이다. 질문을 다시 해보자.

"여러분은 지금 제대로 준비하고 있는가?

(1) 시험이 며칠 앞으로 다가왔을 때, 여러분의 마음이 안정되는가?

(2) 원하는 위치에 오르기 위해 지금 어떤 일을 하고 잇는가?

(3) 여러분 자신의 꿈을 이루기 위해 지금 어디에 있는가?

(4) 여러분의 꿈과 목표를 준비하면서 지금 누구와 있는가?

위 질문에 모두 해당하는 사람만이 준비를 제대로 하고 있는 경우이다.

앤이 투자 건으로 워렌 버핏을 만났을 때의 일이다. 투자 요청을 하려고 전화를 걸었을 때, 버핏은 앤을 오마하로 초청해서 저녁식사를 같이 하자고 했다. 앤은 버핏에게 투자를 받기 위해 네브라스카로 날아갔는데, 드디어 저녁식사 시간이 되었을 때, 앤의 이야기가 끝나고 버핏이 말하길 "당신도 알다시피, 나는 기술기업에는 결코 투자하지 않습니다."라고 했다고 한다.

앤은 말하길 "버핏은 가장 좋은 친구가 되어주었고, 좋은 충고를 해줬는데 나는 종종 버핏이 내게 준 지혜의 진주를 인용하곤 합니다. 저의 노력이 성과 없진 않았어요."라고 밝힌다.

• • •

"우리는 거기서 리더가 아니었어요. 게다가 우리가 따라잡을 수 없다는 게 너무나 분명했죠. 빠르게 따라가는 사람만이 혜택을 얻는 그런 장소였어요. 하지만, 기술로 그것들을 콕 집어내긴 어려워요. 당신은 반드시 차별성을 가져야 해요."

• • •

"나는 매일 어드바이스에 대해 생각하면서, 여행을 하는 우리가 어디에 있는지에 대해 생각해요. 우리가 어디에 있는지, 우리가 어떻게 거기에 도착했고, 미래에도 어떻게 하면 같은 실수를 안 할 것인지 진짜 이해할 수 있을까요?"

• • •

"우리는 전체 영업인력을 해산했어요. 그리고 고객관계, 지속성, 신용 등에서 우리가 얼마나 비용을 쓰게 될지도 생각하지 않았죠. 현장에 있는 모든 사람은 그게 멍청한 짓이란 걸 알고 있었어요. 하지만, 아무도 말해주진 않았죠."

• • •

"회사를 통해서 필터링 된 정보에 결코 의지하지 않을 수 있어요. 여러분은 제일 앞에 선 직원들과 대화를 해야 해요."

• • •

"대략적이나마 옳은 계획을 세우고, 신중함을 갖고 실행하는 건 좋은 일이에요. 하지만, 최종적으로 여러분의 직원들을 목표 앞에 정렬시켜야 한다는 것이에요. 실패와 성공을 구분 짓는 차이점이라고 생각해요."

재정적인 어려움이 닥쳤을 때도 앤은 연구원들을 해고하지 않았다. 여전히 앤은 그들에게 더 영리하게 일하라고 요구했다. 앤은 그들의 일에 많은 보수를 지불하면서 연구센터를 지원했는데, 제록스는 북아메리카와 유럽에 4개의 연구소를 갖고 있다.

• • •

"그래서 우리는 연구가 완료되면 수표를 꺼내는 파트너들이 있습니다."

• • •

"우리의 고객들은 그들의 수표로 투표를 합니다."

• • •

"우리는 점유율이 성장하고 있는데요, 최고 수익으로 성장하고 있습니다."

• • •

"가장 중요한 것은 우리가 시장에서 새로 만들고 있고, 신용을 얻고 있다는 것입니다."

• • •

"당신이 어떤 일을 잘 해낼 수 있기 위해 가장 중요한 것은 누군가의 리더십 이미지를 따라하는 게 아닙니다. 그건 스타일과 캐릭터 일관성을 유지하는 진실성을 갖게 할 것입니다."

앤은 자신의 이야기와 같이 잘 준비된 경영자였다. 1975년 회사에 입사하여 20년이 흐른 뒤에 그 기업 경영자에 오르기까지 앤은 기업의 모든 부서를 거치며 업무능력을 쌓았다. 부서뿐 아니라 글로벌 무대에서 각 나라 지사를 다니며 현장 업무도 익혔다. 이 모든 과정을 거쳐 앤은 회사 경영자로 추천받았다. 오로지 자신의 일을 충실히 하다보니까 경영자의 오른 것이다.

앤은 말하길 "나는 내 생각보다도 더 준비가 잘된 사람이었다"라고 고백했다. 자기 자신은 최고에 오른다는 목표를 갖고 있지 않았을지라도 앤을 주위에서 지켜본 수많은 동료들과 주주들이 앤을 기꺼이 회사 대표에 추천하게 된 것이다.

준비는 자기가 하는 것이지만 기회는 다른 사람이 준다. 기회는 내가 스스로 만드는 게 아니라 주위 사람들에게서 제공받는 것이다.

"기꺼이 위기를 이겨낼 준비가 되어야 합니다.
나는 매우 긍정적인 사람입니다."

마가렛 C. 휘트먼(Whitman, Margaret C.)

1956년 8월생인 마가렛은 미국의 여성사업가이자 정치인
이다. 마가렛은 1998년부터 2008년까지 이베이의 前 CEO이자 사장이며
마가렛은 월트디즈니, 드림웍스, 프록터앤겜블, 하스브로 등, 여러 큰 회
사들의 임원으로 일했다. 뉴욕 롱아일랜드 태생으로 마가렛은 프린스턴
대학을 졸업하고 하버드대학을 다녔다.

2009년 2월, 마가렛은 캘리포니아 주지사 입후보를 발표했고, 캘리포
니아 주지사 선거를 대비한 2010년 8월 공화당 예비선거에서 승리를 차
지했다. 캘리포니아에서 4번째로 부자인 마가렛의 재산은 13억 달러에
이르는데, 미국 역사에서 스스로 자금을 대는 다른 정치후보자들보다도
훨씬 더 많은 비용을 부담했다.

1979년 오하이오 신시내티에 소재한 프록터앤겜블에서 브랜드매니저
로 시작한 마가렛은 샌프란시스코 베인앤컴퍼니로 자리를 옮겨 컨설턴트
로 근무하면서 경력을 쌓아 수석 부사장까지 오른다.

1981년 월트디즈니에서 전략기획 담당부사장이 된 마가렛은 10년이 지
난 1991년 스트라이드 라이트 코포레이션에 합류하고, 1995년 플로리스

츠 트랜스월드 딜리버리의 CEO 사장이 된다.

1998년 3월 마가렛은 이베이에 합류했다. 당시 이베이는 30명의 직원으로 연간 4천만 달러 매출을 올리는 회사였는데 CEO로서 재임한 10년 동안 이베이는 직원이 15,000명으로 늘어났고, 2008년 회계연도 80억 달러에 이르는 기업으로 성장했다.

2007년 11월 마가렛은 이베이 CEO를 사임했는데, 이사회에 남아 2008년 말까지 새로운 CEO 존 도나휴를 위해 자문 역할을 담당했다. 마가렛은 2008년 미국 비즈니스 명예의 전당에 올랐다.

마가렛은 포춘지에 의해 '가장 힘 있는 5명의 여성'에 이름을 올렸고, 하버드 비즈니스리뷰지는 '과거 10년 동안 최고의 실적을 올린 8명의 CEO'에 마가렛을 올렸다. 파이낸셜타임즈지는 '지난 10년을 만든 50인' 명단에 마가렛을 선정했다.

마가렛은 콜드스프링하버 고등학교를 다니면서 3년 만인 1974년에 졸업했다. 반에서 상위 10위 내에 들었던 마가렛은 의사가 되기를 원했는데, 프린스턴 대학에서는 수학과 물리학을 전공했다. 그러나, 잡지광고를 판매하면서 여름방학을 보내고 난 후, 마가렛은 경제학 공부를 시작하게 되었는데, 1977년 우수한 성적으로 학사 학위를 취득했다. 그리고 같은 해 하버드 대학 비즈니스 스쿨에서 MBA를 취득한다.

하스브로 플레이스쿨 부문의 전무로서, 마가렛은 글로벌 경영과 두 개의 어린이 브랜드 마케팅을 담당하는데, 1997년 1월부터 '플레이스쿨', '미스터 포테이토'를 관리했으며 어린이 텔레비전 쇼 '텔레토비'를 미국으로 수입했다.

마가렛이 이베이에 합류했을 때 마가렛은 웹사이트가 단순한 글꼴을 사용하는 흑백톤인 걸 알게 되었다. 마가렛이 근무한 첫날, 사이트는 8시간 동안 작동을 멈추기도 했다. 마가렛은 사이트가 너무 혼란스럽다고 여기고, 새로운 팀을 만들기 시작했다. 비즈니스 카테고리를 23개로 나누고 35,000개 서브카테고리로 나눈 후 각 카테고리 담당자를 두었다.

2004년 마가렛은 경영진에 주요 변화를 주었는데 제프 고든이 페이팔(PAYPAL)을 맡고, 매트 배닉은 국제전략을 빌 코브에겐 미국 사업전략을 맡겼다. 그리고 사이트는 컬러풀한 미국 로고를 사용하면서 각각의 국가에서 저마다 실정에 맞는 독특한 브랜딩을 구축했다.

2010년대 중반, 마가렛은 월드컵 대회에서 스페인어로 된 방송 광고를 공개했는데 나중에 그 가운데 광고 하나를 LA타임즈지에서 인용했다. "오늘날 캘리포니아에 있는 공공학교에 다니는 남미 아이들은 미래의 의사, 기술자, 사업가, 선생님들이 될 것입니다."라는 내용이었다.

마가렛은 랜덤하우스출판사를 통해 발간한 책 '다수의 힘'에서 "움직임에 대한 편견"이란 이미지를 갖게 되었는데 이에 대해 포브스우먼지와 가진 인터뷰에서 마가렛은 자신의 어머니에 대해 이야기할 기회가 있었다.

어머니는 중국을 80회나 방문하고 나중엔 중국어를 배우기까지 했는데, 마가렛에게 "너는 지도자로서 완벽해질 필요는 없다. 하지만, 겁쟁이가 돼서는 안 된다."고 말했다고 한다.

• • •

"우리가 캘리포니아가 실패하도록 그냥 둔다면 우리 모두는 실패합니다. 우리가 캘리포니아가 실패하도록 그냥 두지 않을 정도로 사랑한다면 우리는 함께 우리의 꿈을 위한 장소로 만들어야만 합니다."

MIND 26 **CRISIS**

위기란 어려운 기회를 말하는데 경영자가 갖춰야 할 필수 덕목 가운데 하나는 바로 '위기관리'가 있다. 그만큼 위기는 없는 게 아니며 반드시 온다. 중요한 것은 우리에게 위기가 닥쳤을 때 위기를 이겨내는 능력을 기르고 갖는 것이다.

꿈을 이루기 위해선 무수한 어려움을 이겨내야 한다. 내 꿈을 이루는데 순탄하고 평탄한 길만 있는 건 절대 아니듯이 내 눈앞에 닥칠 어려움을 제대로 파악하고 효과적인 방법으로 이겨내는 위기 극복 훈련도 필요하다.

위기가 닥쳤을 때 사람들은 용기가 되는 말로 마음에 힘을 얻는다.
가슴이 미어지고 눈앞이 캄캄해지는 위기가 닥친 경험이 있는가?
위기관리는 위기가 닥쳤을 때 하는 것이 아니다.
평소에 위기관리를 대비했다가 위기 앞에서 사용하는 것이다.

어떤 도전을 하더라도 위기란 셀 수 없이 많다.

취미생활로 등산에 오른다고 할 때 갑자기 나빠진 날씨가 위기일 수 있고, 인적 없는 산에서 길을 잃었을 때가 위기일 수 있다. 우리가 꿈을 이루기 위해 도전하는 과정도 산에 오르는 것과 상당히 유사하다.

안전한 돌받침이라고 생각하고 온 힘을 다해 붙잡았는데 바위에서 나온 모서리가 아니라 그 위에 얹혀진 돌멩이였을 때 위기가 찾아온다.
산에서는 해가 빨리 진다는 걸 잊고, 하산 시각을 잘못 계산한 나머지 내려오는 길에 어두워져 산속에서 길을 잃을 때가 있다. 이 또한 위기에 속한다.

산에서 해가 졌을 때를 대비하여 손전등을 미리 준비하고, 등산을 하던 도중 돌멩이를 잘못 짚을 것을 막기 위해 자일을 준비한다. 자일과 손전등은 산에서 위기를 만났을 때 준비할 수 없다. 등산하기 전에 준비하는 것이다.

여러분에게 위기는 예고 없이 찾아온다.
내가 도전하는 이 길에 생길 수 있는 위기를 미리 예상하고 대비책을 강구해두자. 위기를 이겨내는 것 역시 꿈을 이루기 위한 과정일 뿐이다.

· · ·

"여러분이 알고 있을 것이라고 내가 확신하는 것 중에 하나는 캘리포니아에 거주하는 1% 사람들이 전체 50%에 해당하는 세금을 부담한다는 것입니다. 지금 당장은 누군가에게 부과하는 세금을 인상하자는 의견에

호의를 갖고 있진 않습니다."

· · ·

"나는 그런 모든 서비스들이 아이들 앞에서 발가벗기도록 준비해온 사람이 아니다."

· · ·

"여보세요, 들어보세요. 오늘날 국가를 위해 하나의 기준을 지킵시다. 그리고 경제가 좋아지면 그 권리는 다시 정부에게 주자구요."

자동차산업계의 심각한 경기하락에 대해서 마가렛은 "나는 아마도 자동차회사들이 이렇게 손해를 보지 않도록 하지 않을 것입니다."

· · ·

"나는 일상적으로 NO라고 말합니다. 그러나 주어진 경제상황을 생각할 때, 나는 다시 IT 기술을 보고 싶습니다."

마가렛은 정치인으로 도전하는 캘리포니아 주지사 선거에서 자신의 의견을 이야기했다. 캘리포니아의 위기에 대해 용기를 갖고 극복하자는 메시지였다. 이베이를 30명의 직원 규모에서 15,000명으로 성장시킨 여성 경영인이 내놓는 위기를 기회로 바꾸는 미래가 기대되는 이유이다.

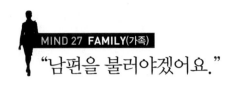

"남편을 불러야겠어요."

조 크루즈(Cruz, Zoe)

1955년생인 조 크루즈는 그리스에서 태어난 미국인으로 모건 스탠리社에서 공동 대표를 지냈다. 2006년 포브스지가 선정한 세계에서 가장 힘 있는 여성 100인에 이름을 올렸고, 10위에 랭크되었다. 조는 월스트리트에서 고액 연봉과 영향력으로 이름을 날렸다.

조는 그리스 파파디미트리오에서 태어나 14세 때 미국 메사추세츠로 이사했다. 래드클리프 컬리지를 졸업하고 하버드대학 우등생이었으며, 1977년 로맨스문학으로 학사 학위를 취득했다. 1982년에는 하버드 비즈니스스쿨에서 MBA를 취득했다.

1982년 경영대학원을 졸업하고, 아이를 임신한 상태에서 25년 역사를 지닌 회사 모건 스탠리에 입사했다. 조는 1986년 부사장에 올랐으며 1990년에는 전무이사가 되었다. 2000년부터 2005년 사이엔 조는 외국 환거래 및 채권 상품을 다루는 글로벌 담당자가 되었으며, 2006년 2월 공동 대표에 올랐다.

조는 전 CEO인 필 퍼셀의 서포터로 오랫동안 활동했다. 조는 2005년 3월 29일, 모건스탠리의 리더십 논란이 일자 조 크루즈는 스테판 크로포드와 함께 공동 대표에 오르게 된다.

2005년 6월 13일 필 퍼셀이 은퇴하고, 같은 해 7월 11일 스테판 크로포드마저 '다른 일을 하기 위해' 공동 대표에서 사임하고 난 후, 조는 실질적인 회사 대표로 활동하게 된다.

2007년 11월 29일 조 크루즈는 모건 스탠리의 대표직에서 사임했는데, 2009년 10월 9일 뉴옥타임즈지 보도에 의하면 조는 자신의 헤지펀드 '보라스 캐피털 매니지먼트'를 시작한다고 소개했다.

• • •

"나는 남편을 불러야겠어요."

조는 어네스토 크루즈와 결혼했는데, 조의 남편 어네스토는 크레디트 스위스그룹 투자은행 부문의 주식 자본시장의 책임자였다. 그는 모건 스탠리와 스위스 퍼스트보스턴은 2004년 구글의 상장 당시 주요한 보증사였다. 조와 어네스토는 하버드대학에서 만났으며 3명의 자녀를 두었다.

MIND 27 FAMILY

도전과 성공의 멘토 27번째는 바로 '가족'이다.

글로벌리더로 성공한 여성들의 경우 자신들의 가족인 자녀와 남편에게도 최선을 다했다. 밖에서 일하는 여성은 가정 일에 충실할 수 없다는 편견은 필요 없었다.

오로지 자기 일에 최선을 다하는 여성들은 회사에서 가정에서 어느 것 하나도 소홀히 하지 않는다. 가족에겐 엄마로서 아내로서 최선을 다하고, 밖에선 회사 경영자로서 성공을 이룬 여성들은 자신의 삶에서 가장 소중한 사람들이 가족이라고 말했다.

가족은 나와 가장 가까운 파트너이자 협력자, 그리고 조언자 역할을 담당한다. 자녀들을 바라보며 책임감을 갖고, 부모를 바라보며 용기를 얻는다. 특히, 부부는 서로 마주보는 사람이 아니라 같은 곳을 바라보는 사람이라고 말한다. 1+1=2가 되는 것처럼 남자와 여자가 만나서 2가 되는 게 아니라 반과 반이 만나서 1이 되는 게 부부이다.

남자와 여자가 각자 가진 것에 상대방으로부터 생기는 것까지 더해서 2가되어 행복함이 아니라 각자 가진 것을 반씩 버리고 둘이 합쳐 1이 됨을 통해 완전한 행복을 갖는다.

사람은 누구나 자기 힘만으로는 해결이 불가능한 장애가 생긴다. 혼자만의 힘으로 풀기엔 어렵고 무거운 중압감을 느끼는 문제에 고민하게 된다. 이 경우 사람들은 주위 사람들과 상의를 하려고 하지만 아무리 가까운 사이라고 해도 '남'이기 때문에 속을 터놓고 얘기할 수 있는 경우가 많지 않다.

그래서, 가족의 역할이 중요하다. 힘들고 어려운 문제가 생기면 나와 가장 가까운 사람, 즉 가족과 상의를 해야 한다.

가족이야말로 내가 이뤄낸 밖의 성공을 가장 축하해주며 기뻐해줄 사람들이다. 도전할 땐 격려와 응원을 해주며, 성공했을 땐 아낌없는 축하와 박수를 나눌 사람들이다.

도전하며 힘에 부칠 때가 생기는가?

가족에게 기대자. 가족은 또 하나의 [나]이다.

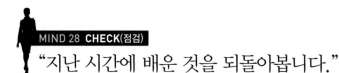
"지난 시간에 배운 것을 되돌아봅니다."

나이나 랄 키드웨이(Kidwai, Naina Lal)

나이나는 인도 여성 사업가로서 인도에 소재한 HSBC의 그룹 지역책임자이며 그룹의 전무이사이다.

나이나는 델리 대학에서 경제학 학사 학위를 취득하고 1982년 하버드 비즈니스스쿨에서 MBA를 취득했는데 나이나는 하버드 비즈니스스쿨을 졸업한 인도의 첫 번째 여성이 되었다.

나이나는 1982년부터 1994년까지 ANZ 그라인드레이즈에서 투자은행 책임자로 일했으며 서인도 리테일은행의 책임자로 근무했다.

1994년부터 2002년까지는 나이나는 JM모건스탠리 부사장 및 인도 투자은행 책임자로서 모건스탠리에서 근무했다. HSBC에 근무하면서, 나이나는 인도에 소재한 'HSBC 인도'의 최고경영자 및 HSBC증권 전문이사 등을 역임하고, 2009년에 그룹의 지역 책임자가 되었다.

나이나의 다른 직책은 네슬레 이사회의 비상임이사를 비롯하여, 인도를 위한 런던자문위원회의 의장, 하버드 비즈니스스쿨의 글로벌 자문위원 등을 역임했다.

나이나의 관심사는 농촌여성을 위한 생계 지원 및 소액금융을 포함하여 환경에 관한 것으로 세계 최대의 청년조직인 아이섹(AIESEC)의 인도 지역 국가자문위원회 멤버로서 지원하고 있다.

나이나는 포춘지가 선정하는 최고의 글로벌 여성사업가 목록에 연거푸 이름을 올렸으며, 2006년 월스트리트저널이 선정하는 주목해야할 글로벌여성에도 포함되었다. 타임지가 선정하는 영향력 있는 인물 15인 가운데 한 명이 되었다.

나이나는 '여성을 위한 그래스루트트레이딩네트워크'라는 NGO를 운영하는 라쉬드 키드웨이와 결혼했다.

• • •

"한 해가 빨리 지나간다는 걸 깨닫게 되고, 지나온 시간에 배운 것을 되돌아보게 됩니다. 그리고 나는 항상 이벤트를 기대하는데, 위대한 여성을 만나는 것 같은 일입니다."

MIND 28   **CHECK**

리더의 역할 가운데 가장 중요한 것은 '점검'이다.
리더는 위기관리를 위해 존재하고, 위기를 극복하기 위해 일한다.
일하는 도중에도 항상 빼놓지 말아야 할 일이 있는데 그건 바로 '점검'이다.

위기는 회사가 잘될 때 온다.

회사 매출이 늘고, 새로운 사업을 전개할 때마다 시장의 반응이 좋을 때 위기가 온다. 위기란 좋은 시기의 반대말이다. 위기가 지속되면 위기라고 말하지 않는다.

리더는 이렇게 조직의 발전을 만들고, 어려움을 극복한다.
이 모든 과정이 리더의 '점검'을 통해 이뤄진다.

개인의 경우도 마찬가지이다.
개인의 꿈과 목표를 이루고자 할 때, 도전하는 사람은 스스로의 리더가 된다. 나를 리드하는 리더, 그건 바로 자기 자신이다.

도전 과정에 어려움이 생기고 포기하고 싶은 순간이 찾아온다.
꿈을 향한 도전의 길에서 주저앉고 싶을 때가 바로 위기이다.
위기에 잘 대처하고 위기를 극복하면서 발전을 이뤄야 한다.
그러려면 평소 점검이 중요하다.

내가 제대로 갈 길을 가고 있는 것인지, 내 방향이 옳은지, 내 꿈이 내게 맞는 일인지 점검한다. 점검은 정기적인 시기를 정해두고 하며, 출발부터 현재 단계까지 지나온 과정을 짚어보며 점검한다.
점검을 통해 위기를 관리한다.

· · ·

"영향력을 확산하는 것과 시간 내에 드러나는 결과를 기다리는 것을 포함하는 변화입니다."

．．．

"제가 HSBC 인도 책임자가 되었다는 것은 인도에 잠재력이 있다는 표시이기도 합니다. 그리고 물론 이곳엔 우리랑 같이 일할 수 있는 뛰어난 재능을 지닌 사람들이 많습니다."

나이나는 하버드대학 비즈니스스쿨을 졸업한 인도 최초의 여성이다. 나이나는 변화를 이야기할 때 시간 내에 드러나는 결과를 기다리는 것도 포함된다고 말한다. 변화란 퇴보가 아니라 전진이다. 변화는 어떠한 형태로든 앞으로 나간다. 나이나는 시시각각 변화무쌍한 글로벌 금융분야에서 최고책임자까지 올랐다.

"주어진 환경을 리드하는 리더"

애나 패트리샤 보틴(Botin, Ana Patricia)

1960년에 태어난 애나는 스페인은행 방코에스페뇰드크레디토의 의장이다. 그 이전에는 미국 JP모건에서 7년 동안 일했다.

1988년 애나는 스페인으로 돌아가서 산탄더그룹에서 일하기 시작했다. 애나는 하버드대학에서 공부하고 미국 내에 있는 브린 모우어컬리지에서 경제학을 공부했다.

2005년 애나는 포브스지가 선정하는 세계에서 가장 힘 있는 여성 가운데 99번째로 이름을 올렸으며, 2009년에는 다시 45위로 순위가 올랐다.

애나는 스페인 억만장자 에밀리오 보탱 앤 팔로마 오쉐의 딸이다. 15대째 은행업을 하는 유명하고 부유한 스페인 가문의 딸로 태어난 애나는 자신의 기질을 증명하듯 JP모건에서 7년을 근무하였고, 그 외에도 애나의 아버지가 경영하는 방코 산탄더에서 대출관리자로 근무했다.

도전하는 사람은 젊다. 성공의 자리에 서는 데 연령 제한은 없다.

그러나 우리는 도전이란 단어와 젊음을 연결하고, 도전하는 사람을 위해 갈채를 보낸다. 도전이란 충분히 격려 받을 만한 일이고, 도전한다는 그 자체는 살아있다는 증거이기도 하다.

도전이란 환경에 영향을 받는다.

현재 내가 갖지 못한 것, 내가 이루지 못한 꿈을 이루기 위해 도전하기 때문이다. 그래서 도전이란 때로는 가지지 못한 것을 가지려는 욕구에 의해 시작되게 된다.

만약 갖고 싶은 것을 다 가진 사람은 도전에 대해 어떻게 행동해야 할까? 넘치는 돈이 있고, 생각만 하면 다 할 수 있는 직위와 권한이 있다면 그 사람은 어떤 도전을 꿈꿀까?

사람들은 [아버지]에 비유를 하곤 한다.

부모 잘 만난 사람은 힘들게 일하지 않아도 되고, 원하는 것은 다 가질 수 있으니 힘들게 도전할 필요가 없을 것이라고 여긴다.

그러나 도전하는 사람의 아버지란 비유는 돈과 배경을 뜻하는 것만은 아니다. 도전하는 사람은 아버지의 모습을 통해 도전 목표를 세우고 의지를 한다. 아버지를 통해 어릴 때 배운 학습에 따라 자신의 인생을 설계하고 가치를 만든다. 사람은 아버지의 모습을 보며 스스로의 삶을 계획하고 용기를 얻는다.

인생의 성공을 바란다면 [아버지]란 단어 속에 담긴 든든함에 의지하고,
[아버지]를 통해 배운 용기와 책임감을 자신의 것으로 만들자.
꿈을 이루는 각 단계를 올라갈 때 주저하지 않는 자신감을 얻을 것이다.

1999년 사모펀드자금 운영을 위해 은행을 그만둔 지 3년 후, 애나는 산탄도그룹 바네스토의 임원이 되었다. 애나가 재임한 이후 첫 회계연도에 바네스토는 순이익이 19% 증가하였다.

애나는 라틴아메리카의 중소기업을 도와주는 금융재단의 설립자 겸 부위원장이며, 스페인 경제에서 대학지원재단의 공동설립자이자 의장이다. 또한 애나는 IFC의 은행자문위원회 멤버가 되었다.

애나에 대한 성공 스토리를 보는 사람 가운데 다소 의아하게 느낄 수 있는 부분은 좋은 집안에서 태어나 직접 노력하지 않아도 잘 먹고 잘 살 수 있는 구조에서 왜 애나가 조명을 받아야 하는지 그 이유가 궁금할 것이다.

그러나 애나는 가업을 잇지 않고 자신이 하고 싶은 대로 살 수 있던 사람이다. 이 부분이 중요하다. 15대째 이어온 은행업 가문. 이제 질릴 만도 한데, 애나는 자신의 일에서 가치를 찾고 중소기업을 돕는 은행업을 시작했다는 점이다.

자신의 권리를 배척하거나 이용하는 대신 배경을 바탕으로 충분한 경험과 지식을 쌓은 후 자신이 할 수 있는 가치 있는 일에 도전하는 것이다.

주어진 환경을 벗어나 새로운 일을 하는 것은 무모함으로 인한 실패라는 결과를 낳을 수 있다. 또한 주어진 환경이 좋다면 움직이지 않고 수동적으로 눌러앉아 떨어지는 과일만 받아먹을 수도 있다.

그러나 애나는 오히려 자신에게 주어진 환경을 적극 받아들이고, 동종 업계에서 다양한 경력을 쌓은 후 자신의 일에 적용했다. 또한 직접 배우고 익힌 업무를 통해 새로운 업무를 추가했다.

환경에 적응하고 더 발전된 형태를 갖출 수 있게 만든 리더가 된 것이다.

"정상에 서지 않는다면 바로 뒤처집니다."

머린 치켓(Chiquet, Maureen)

"우리가 이걸 얼마나 크게 만들 수 있는가에 대해선 생각하지 맙시다. 다만, 사람들이 그걸 가질 수 있도록 값은 얼마로 할 것인지, 얼마나 특별하게 할 것인지에 대해 생각합시다."

이 이야기는 샤넬 브랜드 전략을 담당하는 머린을 대표적으로 설명하는 이야기이다. 2003년 샤넬에 합류한 머린은 프랑스 회사의 미국 담당 사장으로부터 글로벌 CEO 자리에까지 올랐다.

머린은 3명 자매 중 큰언니였는데 아버지는 회사 변호사로서 프랑스 문화에 대해 열정을 갖고 있었고, 프랑스어도 유창하게 구사했다.

머린이 고등학교에 다닐 때, 프랑스어 말하기는 머린의 일상 대부분이었다. 16살 되던 해에 머린은 프랑스로 가서 프랑스인 가족들과 같이 살았는데 그 4주 동안에 대해 머린은, "나는 미국 억양을 사용하지 않았어요. 나는 누구라도 내가 미국인이란 걸 모르게 하고 싶었어요."라고 말했다.

머린은 예일대학에서 문학, 영화, 연극을 전공하고 졸업했으며 후에 프랑스 소비재인 로레알에 수습직원으로 입사했다.

당시에 머린은 마케팅부서에서 근무하는 프랑스인 매니저 안토니오 치켓과 남모르게 연애를 하고 있었는데 안토니오가 아시아로 발령을 받았지만 머린은 따라가지 않았고, 결국 그들은 로레알을 그만두고 결혼을 한 후 샌프란시스코로 이사 와서 지냈다. 직장은 없었다.

나중에 머린은 갭에 인턴으로 입사했는데 15년 뒤에 회사의 주요 상품 관리 위치에 올랐다. 2002년에 머린은 갭의 계열 브랜드인 '바나나 리퍼블릭'의 책임자가 되었고, 2003년이 되면서 드디어 샤넬에 입사하게 된다.

샤넬의 대표가 되면서 머린은 10명의 임원을 해고하고 새로운 사람을 뽑는데, 이때 아버지의 도움을 받아가며 계약서를 작성했다. 머린은 말하길 자기가 아는 가장 유능한 변호사인 아버지라고 했다.

• • •

"오랜 역사를 가진 브랜드는 어떤 위기가 오더라도 금세 아무것도 아니게 할 수 있죠."

• • •

"젊은 부자들을 공략하라."
"과거보다 더욱더 사람들은 부유하게 될 것이다."

• • •

"CEO가 된 후 나는 내 입에 테이프를 붙이고 초기 9개월을 보냈어요."

· · ·

"우리 비즈니스는 위대합니다. 그러나 당신이 정상에 서지 않는다면 바로 뒤처질 것입니다."

MIND 30 TOP

성공은 정상에 오르는 것에 비유된다.

남들보다 높은 위치, 남들보다 많은 돈을 갖는 것으로 치부되기도 하지만, 성공이란 정확하게 말하자면 자신이 이루고자 하는 것을 이룬 사람을 말한다.

그런 의미에서 성공이란 자기 자리에 서는 그 순간으로 말할 수 있다.

더 이상 오를 데가 없는 정상이 아니라 도전하는 과정에서 내가 서게 되는 그 위치가 바로 정상이다.

성공의 자리는 좁기 때문에 자기가 잘 지키지 않으면 금세 다른 사람에게 떠밀리고 만다. 그래서 성공은 올라서기도 어렵지만 올라선 다음에 유지하기가 더 어렵다고 말한다.

사회의 어느 분야 TOP(정상)이 된다는 것은 많은 노력을 쏟고, 거쳐 온 시간이 많음을 의미한다. 짧은 시간에 정상의 자리에 올라선 사람은 그 정상의 자리가 주는 깊은 고마움과 가치를 잘 모른다. 그래서 정상의 자리에서 쉽게 내려오거나 밀려나는 경우도 많다.

여러분은 어느 자리에 서 있는가?

지금 그 자리가 마음에 드는 자리가 아니라면 여러분은 아직 더 올라야할 도전이 남은 사람이다. 지금 상황이 마음에 든다면 그 자리는 여러분의 성공의 자리이다.

이제 여러분이 할 일은 그 자리에서 최선을 다하여 빛을 발휘하는 일이다.

• • •

"사람들이 브랜드에 다가서는 방법은 배지같이 로고를 입는 것입니다. 사람들이 브랜드에 다가오는 방식보다 더 어렵습니다."

갭에서 근무할 때 어린 점원에게 배운 일화를 통해 샤넬에 와서도 여전히 회의 중심, 대화 중심으로 풀어가는 머린이다.

미키 CEO와의 일화를 보자. 자신의 아이디어를 설명하던 머린은 미키로부터 고함 같은 질문을 듣게 되고 자리로 돌아와서 우울해졌는데, 미키가 다시 전화해서 "내가 중요한 어드바이스 하나 해줄게. 넌 뛰어난 머천트야, 근데 듣는 방법은 배워야해"라고 이야기했다.

그리고 미키 말이 맞았다. 20년이 지난 후에도 아직도 그의 말이 효과를 발휘한다는 점이다. 샤넬 부티끄에서 머린은 점원들에게 묻는다. 어떤 게 팔리냐, 소비자 반응은 어떠냐, 다르게 어떻게 해야 하냐 등이다.

점원들의 이야기는 머린의 마인드를 큰 전략차원은 물론 작은 전술에서도 바꾸게 해줬다. 머린은 유투브 같은 인터넷 사이트를 보며 사람들이 보는 것에 대해 연구한다. 그리고 75% 이상의 시간을 듣는데 사용한다. 귀를 열어두고 눈을 뜬다는 것이다. 문화의 새로운 트렌드를 잡기 위해 아트와 영화, 연극과 기타 등등에서 말이다.

• • •

"고객은 말할 거예요. 샤넬이 그걸 해? 하지만 내가 듣고 싶은 대답이에요."

• • •

"코코샤넬의 대담함과 확신은 내게 거기엔 어떤 장벽도 없다는 걸 알게 해줬어요. 사람이 다른 사람과 마음이 통한다는 것에서요."

머린은 자기가 이루고자 하는 일에 있어서 어려서부터 철저한 준비를 거쳐 온 사람이다. 프랑스 문화를 좋아하는 아버지를 둔 딸로서 어려서부터 자연스럽게 프랑스 문화에 심취했고, 머린이 성장한 뒤에는 프랑스에 살아가며 일을 한다. 머린은 샤넬의 CEO가 되어 프랑스 문화의 선두에 서는 미국 태생 여성인 셈이다.

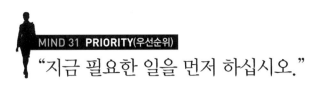
"지금 필요한 일을 먼저 하십시오."

마조리 스카디노(Scardino, Marjorie)

1947년생인 마조리 스카디노는 피어슨PLC의 대표이사이다. 마조리는 최초의 여성 최고경영자가 되었으며 노키아의 비상근 전무이사 및 이코노미스트그룹의 前 대표이사를 역임했다.

마조리는 샌프란시스코 대학 법대와 베일러대학을 졸업했다. 2002년엔 벤자민 프랭클린 메달의 수상자이기도 하다. 2007년 마조리는 포브스지가 선정하는 세계에서 가장 힘 있는 여성 100명 가운데 17위에 이름을 올렸다. 마조리는 미국에서 태어났지만 영국시민권 소유자이다.

1985년 전에는 마조리는 퓰리처상을 받은 신문사 조지아가제트의 편집장이었다. 이 신문사에서 마조리는 나중에 뉴욕타임즈 기자가 된 알베르토 스카디노를 만나 결혼했다. 마조리는 맥아더재단 이사회 및 카터센터이사회 멤버이면서 왕립예술학회의 명예연구원으로 몸담고 있다.

지난 911 테러사건 당시 세계무역센터에 근무하는 직원들의 안전을 걱정했던 마조리는 전체 28,000명 직원들에게 이메일을 보냈다.

• • •

"우리가 우선적으로 여기는 것은 무엇보다도 여러분들의 안전이며, 건강한 몸과 마음이라는 걸 여러분들이 알아주시기를 원합니다."

• • •

"여러분과 여러분 가족들이 지금 필요로 하는 일을 우선 하십시오. 여러분들이 반드시 가야만 하는 미팅은 없으며, 여러분들이 반드시 탑승해야 하는 비행기는 없습니다. 여러분들이 편안함을 느끼지 않는다면 타지 않으셔도 됩니다. 여러분 자신과 여러분들의 가족들을 먼저 돌보세요. 그리고 우리 피어슨이 할 수 있을 만큼 여러분들을 도울 수 있게 해주세요."

MIND 31 **PRIORITY**

모든 일은 우선순위가 있다.

여러 일 가운데 시급의 격차를 두어 먼저 할 일과 나중 할 일로 나눈다.

일을 잘하는 사람은 일의 우선순위를 구분하여 필요한 일을 먼저 해내는 사람이다.

여러분의 우선순위는 무엇인가?

우선순위는 시간을 절약한다.

일의 순서를 정해두면 시간이 절약된다. 일을 순서 없이 하다보면 같은 일을 반복하게 되어 시간을 소모하는 경우가 생길 수 있다. 마감시한이 정해진 일이 아니라면 지금 필요한 일을 먼저 하는 게 우선순위이다.

우선순위는 성공에 이르는 지름길을 만든다.

우선순위에 따라 업무를 처리하면 시간 절약뿐 아니라 지름길을 걷는 효과를 나타낸다. 목적지에 빨리 도착하게 만들어주는 지름길은 시간도 절약해주고 업무효율도 높여준다. 예정된 시간보다 빨리 도착하게 되면 상대적으로 업무에 사용할 시간이 늘어난다는 뜻이다.

우선순위는 선착순이 아니다.

우선순위는 먼저 도착한 사람을 선발하는 선착순이 아니다. 먼저 주어진 업무를 먼저 하는 게 아니라, 전체 업무를 놓고 가장 시급한 일을 먼저 하는 방식이다. 우선순위방식으로 업무를 처리할 때는 그래서 각 업무별로 마감시한을 부여해두는 방법도 좋다.

각 업무를 언제까지 마무리한다는 마감을 정해두고 가장 먼저 끝내야할 업무를 우선순위로 처리하면 마감시한의 여유가 생긴다. 먼저 생긴 업무를 먼저 처리할 경우, 나중에 생긴 일이지만 빨리 처리해야하는 업무가 생겼을 때 업무 오류를 만들 우려가 종종 많다.

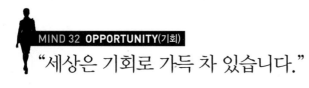
"세상은 기회로 가득 차 있습니다."

우슬라 M. 번즈(Burns, Ursula M.)

1958년생 우슬라는 제록스의 대표이사 겸 의장이다. 우슬라는 아프리카계 미국인으로 S&P 선정 100대 기업에 속한 기업의 여성 대표이사이다. 우슬라는 여성 대표이사의 뒤를 이은 최초의 여성 CEO이며 2009년에는 포브스지 가 선정하는 세계에서 가장 힘 있는 여성 14위에 랭크되었다.

우슬라는 뉴욕시 임대주택인 바루치하우스에서 홀어머니와 단둘이 살았으며 뉴욕 동부 56번가에 있는 커시드랄 여자고등학교를 다녔다. 우슬라는 1980년에 이르러 뉴욕대학 폴리테크닉인스티튜트에서 기계공학 이학 학사 학위를 취득했고, 컬럼비아대학에서 기계공학 석사 학위를 취득했다.

우슬라는 1980년에 여름 인턴사원으로 제록스에 첫발을 내딛은 후 1년 후에 석사 학위를 받은 후 입사했다. 우슬라는 자신의 20대 시절 대부분을 상품개발 및 기획 분야에서 지냈는데 1990년 1월 수석임원이었던 웨이랜드 힉스가 우슬라에게 임원 어시스턴트 자리를 제안하면서 새로운 전환점을 맞게 된다.

2000년 우슬라는 수석 부사장이 되어 CEO 앤 멀캐이와 함께 일하게 되었고, 2009년 7월 앤 멀캐이의 뒤를 이어 CEO가 되었다.

우슬라는 다양한 이사회 활동을 했는데, 아메리칸 익스프레스를 포함하여 보스턴 사이언티픽, 휘스트, 미국제조업자협회, 로체스터대학, MIT 코포레이션 등 다수의 활동을 이어갔다.

• • •

"우리는 우리의 고객들이 각자의 비즈니스에 주력할 수 있도록 하는 비즈니스를 합니다. 예를 들어 포춘지를 생각해보면, 사람들은 잡지인쇄 사업을 하진 않지만 인쇄된 포춘지를 보게 되는 것이죠."

• • •

"제일 나중에 쓰이는 방법인데요, 많은 서류내용들이 종이 위에 나타나게 됩니다. 하지만, 그것들은 처음엔 디지털파일이나 사진이나 전화, 음성데이타 등으로 된 형태였죠. 그 모든 것들이 비즈니스 업무에 사용될 수 있게 해주는 열쇠가 바로 제록스에서 하는 일입니다."

• • •

"세상은 기회로 가득 차 있습니다. 매일 새로운 무언가 등장합니다. 예를 들어, 여러분은 더러운 물을 마실 수 있는 좋은 물로 바꿀 수 있습니다. 그렇다면, 왜 사람들은 마시기에 좋은 물을 갖고 있지 않을까요? 그 이유는, 그 문제가 아직 풀리지 않았다는 것입니다. 언젠가 풀릴 것이지만요."

OPPORTUNITY

세상은 기회로 만들어진 곳이다.

우리가 살아가는 이 세상은 모든 기회로 만들어지고, 기회로 구성된다.

도전이란 결국 기회를 잡기 위한 과정이다.

꿈이란 기회를 이루고자 하는 것이며, 성공이란 기회를 잡았을 때를 말한다.

기회로 이뤄진 세상이지만 우리가 반드시 알아둬야 할 것이 있다.

그건 바로 기회를 활용하는 방법으로 우리가 움직여야 한다는 점이다.

기회는 이 세상 곳곳에 많지만 상당히 게으른 특성을 지니고 있어서 움직이질 않는다. 그래서 우리가 다가가서 잡아야 하는 기회들이다.

움직여서 잡아야 하는 기회는 다른 사람들이 우리에게 주는 기회와 구별된다. 다른 사람들에게서 얻는 기회는 우리가 우리 위치에서 최선을 다할 때 우리에게 다가오는 기회이지만 움직여서 잡아야 하는 기회는 다른 사람들이 소유한 기회가 아니라 주인 없는 기회, 가능성의 기회들이다.

우리가 하는 일, 우리가 도전하는 꿈을 이루게 도와주는 가능성의 기회들인 것이다.

도전하는데 앞에 놓인 장애가 있어서 색다른 돌파구가 필요한가?

몸을 움직여 기회를 잡자. 기회는 가까운 곳에 있다.

· · ·

"전화 통화로 하는 일을 생각해보면, 여러분이 박사 학위 소지자여야 하는 건 아닙니다. 그러나 여러분은 읽을 줄 알아야 하고, 문제를 분석할 줄도 알아야 합니다. 우리는 어떤 일이 완료되기 위한 바로 아래 단계의 일을 합니다."

· · ·

"내가 지식을 배운 이유는 그게 필요하기 때문입니다. 그리고 그건 우리를 위해서이고, 변화를 위한 것이기도 합니다. 앉아있기만 한다면 수없이 빠르게 변하는 세상에서 최선의 행동이 아닙니다."

· · ·

"가장 좋은 것은 움직이는 것입니다. 회계연도에 거의 20억 달러를 손해 봤다고 가정해보죠. 안정화를 위해 내부 전략을 바꿔야 합니다. 우리 자신을 변화시키고 투자를 지속적으로 이어가야 합니다."

· · ·

"우선, CEO를 목표로 근무하지 마십시오. 그 꿈을 이뤘을 때 여러분이 좋아하지 않는 일을 하면서 인생을 마무리해야 한다고 생각될 때 진짜 실망하게 될 것입니다."

· · ·

"여러분이 하고 싶어 하는 일을 찾으세요. 여러분이 속하고 싶은 장소를 찾으세요. 저는 제가 하고 싶어 하는 무언가를 찾았습니다. 나는 기계공학을 훈련을 통해 배웠습니다. 그리고 난 그걸 좋아합니다. 난 여전히 하고 있습니다."

• • •

"내가 떠나고 싶다고 느낄 때라면 이 회사에 나랑 맞지 않는 나쁜 무언가가 있기 때문입니다. 제 좋은 친구이자 이사회 멤버인 사람이 제게 이야기해주더군요. '모든 상황이 좋을 때뿐 아니라 상황이 나쁠 때라도 자리를 지켜야 하는 거야. 좋은 사람과 관계를 잘 맺고 있다면 상황이 안 좋을 때 너는 그 사람에게 도움을 요청하는 거야.'"

• • •

"매번 어려움이 올 때마다 나는 떠날 수 있었습니다. 그러나 하루, 또는 한 달 뒤에도 나는 떠나지 않았습니다. 나는 내가 떠나지 않은 것에 대해 행복하게 느낍니다."

우슬라의 어린 시절은 홀어머니와 단둘이었다. 유복한 가정에서 태어나 부모로부터 보호를 받으며 평범한 시절을 보낸 우슬라가 아니었다. 우슬라는 홀어머니와 함께 살며 세상을 향한 도전에 직접 나서야 했다.

우슬라는 1980년에 인턴사원으로 사회생활 첫발을 내딛으며 성공을 위한 도전을 시작했다. 그리고 첫 직장이었던 곳에서 2009년에 CEO가 되었다. 직장생활을 시작한 지 19년 만에 이뤄낸 성공이었다.

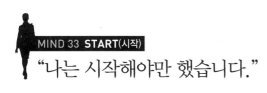
"나는 시작해야만 했습니다."

린다 톰슨 챗맨(Thomsen, Linda Chatman)

린다는 2005년부터 2009년 초반까지 미국 증권거래위원회 집행부의 이사였다. 1995년에 증권거래소에서 근무를 시작한 이후, 4명의 위원장을 거쳤다. 린다는 엔론, 마샤 스튜어트 등에 대응하는 증권거래위원회에서 그녀의 역할이 알려진 후 유명해졌다. 린다가 위원회에 스태프로 합류하기 전에, 워싱턴 및 뉴욕에 소재한 법률회사에서 개인적 경력을 쌓았으며 2004년 11월 린다는 월스트리트저널 기자들과 편집장들에 의해서 주목해야할 여성 50인에 이름을 올렸다.

린다는 스튜어트 힐 톰슨과 결혼했는데, 그녀의 남편인 톰슨은 법률회사 수덜랜드애쉬빌 앤 브레넌 LLP의 의 파트너로 헤지펀드, 브로커 딜러 등이 고객이었다.

린다는 스미스컬리지에서 학위를 받은 후 하버드 로스쿨에서 법학 학사 학위를 받았다.

• • •

"나는 시작해야만 했습니다. 물론, 내가 항상 하려는 그곳에서 말이죠. 결정은 항상 내 자신이 내렸고, 위원회 또는 다름 멤버의 관점에 영향 받지 않았습니다."

MIND 33 START

도전과 성공, 그리고 꿈이란 것의 공통점은 바로 '시작'이다.

꿈이 있으려면 꿈을 꾸기 시작해야 하고, 성공하려면 준비를 시작해야 한다. 도전하려면 도전의 첫발을 내딛기 시작해야 한다.

모든 목표와 꿈, 성공 앞에는 반드시 '시작'이란 조건이 붙는다.

꿈만 꾸고 있으며 움직이지 않는다는 것은 바보들의 행동이다.

'나는 CEO가 되고 싶어.'

'나는 세계 최대의 비즈니스 여성이 될 거야.'

'나는 박사가 될 거야.'

꿈을 꾸고 있다면서 그 자체로 만족하는 사람이 있는가?

꿈을 꾸면서 현실에서 실현하고자 움직이지 않는다면 그것은 허황된 꿈이다.

모든 시작은 반드시 멈추지 않으며 움직이는 것으로 이어진다.

목표를 세웠다면 그 순간 움직이기 시작하자.

시작한 이상 멈추지 말자.

우리의 꿈과 성공은 우리 몇 m 앞에 있다.

시작하자.

우리는 엄청난 양의 자료를 축적했습니다.

수전 휘팅(Whiting, Susan)

수전은 닐슨컴퍼니 이사회의 부의장으로 고객관리에 초점을 맞춘 CEO이다. 수전은 닐슨미디어리서치에 1978년 입사했으며 2001년 최고운영임원 및 사장이 되었고, 그로부터 9개월 이내에 대표이사 겸 사장에 취임했다.

2007년 수전은 닐슨미디어리서치 이사회 의장 겸 모든 닐슨비즈니스를 담당하는 마케팅과 상품 담당 수석 부사장이 되었고 2008년 11월부터 닐슨의 이사회 부의장으로 임명되었다.

수전은 닐슨미디어집행위원회 멤버인 동시에 윌밍턴트러스트코포레이션 이사회 등에도 속해 있다.

2007년 월스트리트저널은 주목해야할 여성으로 수전을 목록에 등재했는데, 크레인의 뉴욕비즈니스에 의해서 뉴욕시에서 가장 영향력 있는 100명의 여성에도 이름을 올렸다.

수전은 데니슨 대학에서 경제학 학사를 취득하고 우등생으로 졸업, 대학에서 트러스티로 활동했다.

· · ·

"우리는 지난 과거를 거쳐 오면서 엄청난 자료를 축적했습니다."

MIND 34   **INFORMATION**

자료(정보)란 부자들의 필수 아이템이다.

좋은 사업 아이템이 있다는 제안을 들었을 때, 부자가 되려는 사람은 스스로 판단하여 그 사업 아이템을 잡는다. 좋은 아이템이라고 생각되면 이야기를 듣는 순간 계약을 하거나, 혹은 생각을 해보겠다면서 고민의 시간을 갖는다. 이렇게 혼자 고민하고 결정해서 사업 아이템을 계약하게 된다. 그러나 결과는 대부분의 경우 기대한 방향으로 흐르지 않고 쇠락하는 쪽으로 흐른다.

부자(성공하는 사람)는 다르다.

좋은 아이템이란 이야기를 들으면 그 순간 스스로 판단하지 않고 전문가를 찾는다. 전문가란 자신이 들은 분야의 전문지식을 가진 사람으로서 반드시 서너 명, 또는 자신이 판단을 하도록 돕는데 필요한 수만큼의 인원을 만나서 그들의 이야기를 듣는다. 그리고 그들로부터 들은 이야기에 의해 좋은 아이템에 대해 평가를 하게 되고, 제일 마지막에 자신이 결정하여 아이템을 계약한다.

부자(성공한 사람)는 어떤 좋은 아이템이라고 생각되는 것을 발견할 때 반드시 주위 사람들에게 조언을 구하고 정보를 얻는다. 그래서 시행착오 또는 일반적으로 수업료라고 부르는 돈의 지출까지 철저하게 예방한다.

사업을 하려는 사람들의 경우를 보면 여기서 말하는 '수업료' 또는 '학습비'
의 등장을 자주 본다.

어떤 일을 하다가 적지 않은 돈을 쓰고 말았을 때, 실패하는 사람들은 그
돈을 '수업료를 냈다'고 평가한다. 자신이 잘 몰라서 저지른 비용이더라도
사업을 할 때는 있는 일이라고 치부해버린다. 자료의 부족이 만든 치명적
손실이란 생각을 하지 않는다.

지금 여러분은 어떤 일에 도전하는가?

자신의 인생을 걸만큼 의미있고 도전할 가치가 있는 일이라고 생각되는
가? 그렇다면 시작하기 전에 충분한 자료를 얻었는지, 정보를 갖고 시작했
는지 되돌아보자. 여러분이 하고자 하는 그 일에 대해서 몇 명에게 정보를
구하고, 몇 명에게 조언을 받았는지 생각해보자. 정보와 자료의 양은 많을
수록 좋다. 그만큼 실패할 확률을 줄여주기 때문이다.

• • •

"우리는 당신이 수집한 이렇게 많은 양의 정보에 대해 깊은 감동을 받
았습니다. 이 정보들은 우리들이 책자로 엮어내기에 매우 좋습니다."

• • •

"한발 뒤로 물러서서 우리 회사를 전체적으로 보면 우리가 지금 이야
기하고 있는 모든 필요에 대해 고민하면서 매우 효율적으로 일하고 있다
는 걸 알게 됩니다. 최고 효과적으로 하고 있습니다. 업무를 하면서 나은
결과를 만들기 위해 우리들 자신에 의해서 일을 하기보다는 파트너들이

우리를 도울 수 있는 영역을 찾아서 일을 합니다."

$$\cdots$$

"항상 우리가 할 수 있는 최선을 다합니다. 일하는 과정 또한 매우 투명합니다. 여러분처럼 모든 사람들이 압니다. 만약 충돌이 있다면 그 즉시 말해버립니다. 예를 들면 지난 가을과 봄 사이에 커머셜 자료와 데이터를 전달하는 과정에서 어떤 특수한 이슈가 있었는데요, 전에는 할 수 없었던 것임에도 이슈를 해결할 별도의 많은 능력을 동원할 수 있었습니다. 문제는 해결되었고요.".

수전은 자료의 가치를 아는 사람이다. 수전은 미디어리서치 회사에서 활동하고 전문 경험을 쌓아 CEO까지 올랐다. 수전이 하는 분야는 끊임없이 자료를 축적하고 분류하여 상품으로 제공하는 일이다. 고객들은 리서치 업무를 통해 원하는 분야에 대해 정보를 얻는다. 고객들은 수업료 대신 리서치 회사로 비용을 지불한다. 어떤 일에 대해 방향을 다르게 잡을 경우 초래할 엄청난 피해에 비하면 리서치기업에 사용하는 정보에 대한 비용이 훨씬 저렴하기 때문이다.

"나의 실력을 보여주고 알게 하라."

패트리샤 A. 커렌(Curran, Patricia A.)

패트리샤는 월마트 스토어 부문에서 소비자 부문을 맡았다. 2007년에 직책을 맡았는데, 그 이전에 1983년 월마트에서 애완동물 부문을 담당하는 시간제 사원으로 시작한 패트리샤는 부문 관리자로 어시스턴트 매니저로 공동 관리자에 이어 스토어 매니저로 승진했다.

패트리샤는 지역인사관리자, 지역 관리자, 운영 담당자, 지역 담당 부사장, 부분적인 상품매니저로도 근무했다. 2003년 패트리샤는 조지아, 노스캐롤라이나, 사우스캐롤라이나, 메릴랜드, 버지니아, 펜실바니아, 웨스트버지니아, 켄터키, 테네시, 델라웨어, 오하이오를 담당하는 월마트의 수석 부사장을 거쳐 2005년 월마트 수석 부사장 자리에 올랐다.

패트리샤는 많은 단체와 이사회에서 활동하고 있다. 알칸사스대학 샘월튼비즈니스컬리지의 소매업 우수센터의 멤버이며, 여성임원 네트워크, 코카콜라 소매업 연구협의회, 워싱턴카운티 한부모 장학기금 등의 회원이다.

월마트에서 애완동물 부문 시간제 사원으로 시작한 패트리샤는 매장 3800개 이상의 미국 내 매장을 지니고, 연간 매출 규모 2100억 달러를 기록하는 월마트의 최고운영임원이 되었다.

WHO I AM

내가 누구인지, 어떤 사람인지 보여주고 다른 사람들이 나를 알게 하라.

사람과 사람이 만날 때 첫인상이 중요하다. 사람들은 상대방에 대한 자신만의 느낌을 만드는데 0.5초도 안 걸린다. 그 사람의 얼굴을 보고, 옷차림을 보고, 말투를 보며 행동을 본다. 사람은 사람의 겉모습이 중요하지 않다는 교훈을 지겨울 만치 들었을 텐데도 여전히 사람의 겉모습을 중요하게 생각하고 자신의 판단근거로 삼는다. 첫인상이 안 좋다며 처음 만난 사람과 관계를 시작하지 않는 경우도 많다.

기업은 새로운 동료의 첫인상을 결정짓는데 더욱 자기중심적인 이미지를 만들어 나간다. 그 사람에 대한 이력과 경험을 회사가 수용했다는 점에서 그 사람에 대한 사전 평가를 한 단계 거친 상황이지만, 기업이라는 특수한 환경과 장소적 제한 때문에 사람들은 다른 사람을 평가할 때 더욱 수동적이 되고 좁은 시야를 갖게 된다.

일을 할 때는 내 일에 동료인지 상사인지, 부하직원인지 하는 관계가 설정된다. 회사 CEO가 새로운 직원을 채용할 때 다른 직원들과 소통과 융합을 잘할 것인지 충분히 검토하고 결정했을지라도 기업 내에 근무하던 사람들은 새로운 직원을 그들의 동료로 받아들이기까지 많은 시간을 보낸다.

그만큼 첫인상이 중요하다. 첫인상으로 결정하는 사람에 대한 평가는 일반

사회 또는 기업에서이건 간에 자신 스스로의 평가기준이 잣대가 된다.

그래서 중요한 게 바로 자기PR이다.

CF광고처럼 자신의 가치를 알리고, 자신의 이미지를 만드는 작업이 아니다. 기업이 내린 자신의 평가대로 어떤 부서에서 근무를 시작했을 때 사람들은 두 가지 반응을 보인다.

(1) 나를 어떻게 이런 곳에?
(2) 내게 주어진 일이니 열심히 하자.

위 두 가지 중에 좋은 방향은 물론 (2)번이다. (1)의 경우 많은 사람들은 회사 밖으로 다시 나간다. 사표를 내던가 아니면 기업담당자들에게 불만을 쏟아내며 자의 반 타의 반으로 회사를 그만둔다. 그들이 이야기하는 이유는 단지 '적성에 안 맞아서'이다.

자신들의 마음에 안 드는 업무를 하게 된 것을 자신에 대한 모욕 정도로 느끼는 경우이다. 기업이 자신에 대해 평가를 할 때 기업입장에선 직원을 최대한 배려하고 그 사람에게 맞는 업무를 배치하는데, 만약 기업이 내게 안 맞는 업무를 배치했다면 그 이유는 어디에서 찾아야 할까? 기업과 내가 만났을 때 기업에게 나 자신에 대해 충분히 알리지 않았던 스스로에게 문제가 더 크지 않을까?

(2)번의 경우 사람들은 맡은 일에 대해 자신의 실력을 보이고, 그 해당 분야 업무를 성장시킨다. 결과적으로 기업 입장에서는 일 잘하는 사람에게 더

일을 맡기고, 맡은 바 일을 잘할수록 더 중요한 직책을 맡기게 된다.

모든 일을 다 할 수 있다고 입으로만 떠벌리는 사람은 한 가지 일도 제대로 못하는 사람이다.

2007년 4월 6일 월마트스토어는 소비자 담당 부문 수석 부사장으로 패트리샤의 임원 임명에 대해 공식 발표하기에 이르는데, 미국 월마트스토어 대표이사 사장인 카스트로 라이트는 발표하길 "패트리샤는 오랜 동안 강한 리더였고, 동료에 대한 협력심을 보여주었다. 이러한 패트리샤의 운영 경험과 월마트 비즈니스에 대한 지식은 우리들을 이끄는데 가장 이상적인 인물로 판단되었다."고 밝혔다.

패트리샤가 애완동물 코너 담당 시간제 사원으로 근무를 시작했다는 걸 아는가? 그러나 자신의 능력을 보이면서 다른 사람들과의 협력을 통해 기업의 최고 경영자 자리에까지 올랐다. 주어진 환경, 맡은 일에 대한 불평불만을 쏟아내기 전에 자신의 일을 더욱 발전시킨 패트리샤의 성공 요인은 바로 자기 자신을 다른 사람들이 알게 한 것이다. 입으로 하지 않고 직접 능력으로 보인 것처럼 말이다.

"우리는 시장에서 배웁니다."

마리 딜론(Dillon, Mary)

마리는 수석 부사장이며 글로벌 마케팅 담당 최고임원이다. 마리는 2005년 10월 회사에 합류했다. 그 전에는 마리는 2002년부터 퀘이커식품의 마케팅 담당 부사장으로 근무하던 중, 2004년부터 2005년까지 펩시코의 계열인 퀘이커식품의 부문 최고임원으로 재직했다.

· · ·

"세계에 여러분 자신을 보이는 가장 쉬운 방법 중 하나가 텔레비전 광고입니다. 텔레비전 광고는 가장 명확한 이야기를 이야기하며, 시각적으로 볼 수 있습니다."

· · ·

"많은 광고캠페인들이 5년, 10년, 15년 동안 이어집니다. 트릭을 통해서 효과를 더욱 늘릴 수 있고요, 더 좋게 만들 수도 있습니다. 세계에 알려지는 방법 두 가지는 어디가지 높이 올라가느냐와 가능성이 얼마나 높은가, 이 두 가지입니다."

· · ·

"분명히 젊은 성인은 미디어를 소비하는 방식이 다른 사람들과 다릅니다. 그들이 시간을 소비하기 좋아하는 방법은 온라인이고 게임을 좋아하는 젊은 성인들의 또 다른 그룹이 있죠."

· · ·

"우리는 이 시장에서 배웁니다. 젊은 성인들의 커뮤니티에 참여하고, 그들과 관계도 수립합니다."

MIND 36 **MARKET**

제품디자인부서나 상품개발부와 같은 팀의 업무 중에는 시장조사와 같이 현장에서 정보를 찾는 업무도 포함되어 있다. 시장조사란 글자 그대로 시장이 어떻게 형성되어있는지와 시장에서 소비자들이 어떤 소비 형태를 갖고 있는지 조사하고 파악해서 회사의 상품에 적용시키는 작업이다.

회사 내에서만 있다면 전혀 모르거나 또는 정보가 부족해서 놓치기 쉬운 소비자의 현장 반응을 직접 보고, 느끼어 제품개발에 적용하는 업무인 것이다. 그 중요성은 아무리 이야기해도 부족하지 않다.

시장은 그래서 기업들의 전쟁터인 동시에 기업을 위한 교육장이기도 하다. 소비자와 기업은 시장에서 만나고, 시장에서 이별하기 때문이다. 기업들이 CF광고를 통해서 소비자와 대화에 나서지만 소비자는 결국 시장에서 기업을 선택할 뿐이다. 시장은 냉정하다.

시장을 무시하는 기업은 살아남을 수가 없다. 아마 오래 전에는 시장에 상품이 부족했으므로 기업이 내놓는 상품은 어떤 상품이건 모두 잘 팔렸다. 그 시기는 공급자가 만들어가는 시장이었다. 소비자들은 상품이 부족해서 시장에 나오는 상품은 일단 모두 사다가 사용해야만 했기 때문이다.

그러나 요즘은 소비자가 주도하는 시장이다. 시장에 넘치는 상품들 가운데 소비자의 선택을 얻는 상품은 점점 그 수가 줄어들고, 기업들은 시장에서 살아남기 위해 치열한 접전을 펼치는 중이다.

시장이란 상품이 소비자에게 팔리는 시장만 시장이라고 부르지 않는다.

시장이란 내가 속한 분야를 아우르는 큰 의미로 내가 속한 학교, 내가 일하는 회사도 시장이란 의미로 포함할 수 있다. 시장이란 곳에서 주고받는 거래, 가치를 교환하는 장소로써 의미를 가질 때이다.

여러분은 여러분의 시장에서 어떤 가치를 지녔는가?
다른 경쟁자들과 비교해서 여러분만의 경쟁력은 어디에 있으며,
여러분은 자신의 경쟁력을 나타내기 위해 어떤 노력을 하고 있는가?

시장에 상품이 많고 소비자가 자신에게 맞는 상품만 구매를 하는 시대이다. 일할 사람이 부족한 시대는 모든 회사 가운데 골라서 취업을 했지만, 회사가 적고 일할 사람이 많은 시대에서는 기업 입장에서 적은 비용에 높은 가치를 얻을 수 있는 인재를 선호한다. 여러분의 가치를 시장에 선보이자. 시장은 여러분을 주목할 것이다.

• • •

"미국 경기 침체가 모두에게 어려운 것은 맞습니다. 새로운 뉴스란 없습니다. 그러나 우리는 우리의 비즈니스가 만드는 실적에 대해 좋은 느낌을 갖고 있습니다. 우리의 비즈니스가 불경기에 대한 저항이라고도 말할 수 있습니다. 그러나 우리는 불경기를 무조건 거부하는 게 아닙니다. 우리가 제공할 수 있는 퀄리티로 불경기를 이겨낼 겁니다. 그 퀄리티란 매장 위치와 영업시간, 그리고 서비스라는 편리성입니다. 우리는 어떤 경제적인 폭풍우가 와도 잘 대응할 수 있습니다."

마리는 마케팅 담당 최고 경영자 위치에까지 올랐다. 마리의 성공 요인은 항상 시장에서 배운다는 철칙과 새로운 소비자들과 교류하고 그들의 커뮤니티에 일원이 되는 방식이었다. 시장은 하나의 살아있는 생물과 같아서 시장 그 자체가 되지 않으면 시장에서 살아남기 어렵다는 걸 알기 때문이다.

"경쟁을 두려워하지 않는다."

웨이 크리스티앙슨(Christianson, Wei)

웨이는 모건스탠리 중국지사의 본부장 겸 대표이사로서 은행 업무에 강력한 경력을 갖고 있다. 웨이가 시티그룹 글로벌마켓의 중국 담당자로 북경에서 에드워드 교수와 이야기를 나누던 중, 웨이가 관심을 보이자 에드워드 교수는 법학을 바로 배우기 전에 미국 대학에 진학하여 학부과정을 해볼 것을 제안했다는 사실이 있다.

쉽진 않을 일이었지만, 웨이는 애머스트 대학에 입학하여 중국 본토에서 입학한 최초의 학생이 되었으며, 웨이는 컬럼비아 로스쿨에 다시 진학했다.

• • •

"경쟁이 가득한 로스쿨의 환경과 공격적이고 초점을 명확히 하는, 미국 변호사에게 필요한 세부적인 집중력은 중국에서 성공적인 투자은행가가 되기 위한 완벽한 훈련이었다."

MIND 37   **COMPETITION**

경쟁이란 두려움의 대상이자 피곤한 다툼의 방법이 아니라 스스로를 단련

시킬 수 있는 가장 효과적인 학습이다. 경쟁 속에서 성장하고, 경쟁을 거치면서 강한 체력을 갖춘다. 혼자 성장하는 일이란 없다. 경쟁은 외로움을 거부하는 사람 본연의 본능이기도 하다.

농사를 짓는 농부는 벼농사를 지으면서 논에 가득한 잡초를 처음엔 뽑지 않는다. 잡초들이 벼가 가져가야 할 영양분을 빼앗아간다는 걸 알면서도 잡초를 뽑지 않는다. 그 이유는 벼 이삭을 경쟁시키기 위함이다. 잡초와 경쟁하는 벼이삭은 추수시기에 이르러 더욱 크고 알찬 벼이삭을 품는다. 경쟁에서 승리하는 벼들이 좋은 품종이 되는 것이다.

미꾸라지 양어장을 하는 사람은 미꾸라지가 어느 정도 자랄 때에는 미꾸라지 양어장에 메기를 같이 넣는다. 메기는 알다시피 미꾸라지를 먹고 사는 육식성 물고기인데, 미꾸라지 양어장에 메기를 넣으면 미꾸라지를 다 없앨 셈인가 걱정하는 사람들이 많았다.

그러나 그는 달랐다. 메기와 함께 치열한 생존환경에서 자란 미꾸라지들은 몸집도 크고 육질이 탄탄한 건강한 미꾸라지가 되었다. 미꾸라지 시장에서 좋은 가격을 받을 수 있었다.

생각해보자.
지금 내 주위에 갖은 경쟁에 치이면서 몸이 고달프고 정신이 힘들 수 있다.

그러나 경쟁은 우리 자신이 모르는 사이에 우리를 단련시키고 있다.
우리의 근육에 힘을 붙게 하고, 우리의 아이디어를 넘치게 해준다.

우리는 경쟁 속에서 자란다.

경쟁이 우리를 도와주고 있는 것이다.

그리고 웨이는 모건스탠리 중국지사의 대표이사가 되었다. 아직도 남성 중심 문화가 가득한 금융가에서 흔치 않은 일이며, 특히 중국에서는 더더욱 그렇다. 웨이는 여성이란 점에 호소하여 이뤄낸 것도 아니고, 더구나 두 아이를 훌륭히 키워내며 일해서 얻은 성취이다.

웨이의 성공 열쇠 한 가지를 꼽으라면 강한 네트워크를 들 수 있다. 어느 인맥도 놓치지 않았다. 애머스트 컬리지에서 수업을 받으면서도 말이다. 컬럼비아대학 로스쿨을 다니면서나 일을 하면서도 마찬가지였다. 웨이의 여러 가지 커다란 비즈니스 거래는 그녀가 30년 넘게 쌓아온 관계의 도움을 받은 면이 있다.

웨이가 중국 남자영화배우 '창 첸'을 만났을 때의 일화다. 웨이는 그를 몰라보고 무명 배우 대하듯 어느 영화에 나왔는지, 직업은 무엇인지, 이름은 무엇인지 등을 물어봤다. 웨이는 자신이 사람과 사람을 연결할 때 상대방에 대해 알고자 하는 끈을 만든 것인데, 이때의 일은 웨이가 TV나 영화를 잘 보지 않아서 생긴 에피소드였다.

웨이는 1989년 메사추세츠에 소재한 애머스트컬리지를 우등생으로 졸업했다. 그리고 컬럼비아대학 로스쿨에서 국제법 학위를 취득하고, 2006년 1월에 컬럼비아대학 로스쿨에서 '엑셀런스 메달'을 수여받았다. 웨이는 뉴욕법원 변호사로서 결혼 후 남편과 세 아이들과 함께 북경에 살고 있다.

1990년대 초반 웨이는 모건스탠리에 입사하기 전에 홍콩증권선물위원회에서 기업재정협력디렉터로 근무했는데 이 기간 동안 웨이는 1993년 중국 본토 기업들 가운데 처음으로 홍콩에 공개되는 기업들을 위해 증권시장의 규칙과 규정을 만들었다.

웨이는 경쟁이 치열한 로스쿨을 다니며 자신의 힘을 키웠다. 경쟁이 우리에게 가져다주는 긍정적인 효과는 체력을 키워주고 경험치를 늘려준다는 측면이다. 경쟁을 많이 해본 사람은 싸우는 방법을 알고, 경쟁에서 이기는 방법을 깨닫는다. 경쟁에서 반드시 이길 수는 없다. 그러나, 경쟁에서 이기는 사람들을 보면서 이기는 방법을 알게 되는 것이다.

경쟁을 통해 배운 체력과 지혜는 내가 어디에 속하건 그 분야의 경쟁에서 힘을 발휘한다. 웨이가 중국지역 최고책임자가 된 근본적인 이유는 바로 경쟁에서 싸워 이길 줄 아는 경험을 지녔기 때문이었다. 아무리 많은 지식과 노하우를 갖고 있어도 실제 경쟁에서 사용해본 적 없으면 아무 소용이 없다. 웨이는 실전에서도 강한 경험을 가진 인물로 성공의 자리에 오를 수 있었다.

"위기를 이겨낼 때에도 자금이 필요합니다."

에이미 우즈 브링클리(Brinkley, Amy Woods)

2001년부터 에이미는 아메리카은행 글로벌 리스크 담당 임원이었고 2009년 6월에 은퇴했다. 에이미는 유에스뱅킹매거진이 2005년 선정한 세계에서 힘 있는 여성은행인 명단에서 최고 순위의 상을 받았다. 2006년, 2007년에 포춘지가 선정한 세계에서 가장 힘 있는 여성사업가 50인 가운데 23위에 올랐고, 2008년에는 22위에 올랐다. 또한 월스트리트저널과 포브스지에 의해 비즈니스 리더 여성의 한 명으로 선정되었다.

에이미는 1978년 아메리카은행에 커머셜 크레딧 부문 수습직원으로 합류했으며 1993년부터 2001년에 기업 마케팅 최초의 임원이 되었고, 이어서 소비상품 부문 책임자가 되었다.

에이미는 은행의 글로벌 위기관리를 담당하는 최고의 자리에 오른 여성이다. 1978년 입사한 이후 23년 만인 2001년에야 성공의 자리에 올랐다.

에이미는 채플힐의 노스캐롤라이나대학에서 우수 학생들이 가입하는 클럽인 파이베타카파 멤버로 졸업했다. 에이미는 아메리카은행 자선단체 이사회에서 활동했고 백악관 장학금에 대한 감독 및 국제금융위원회 연구소에서 활동했으며, 스위스 다보스 세계경제포럼 연례 회의에 참가했다.

"변화는 우리가 자본을 투입하거나 주식가치를 만드는 것 등 위기관리에 다가서는 방식에 영향을 줍니다."

"본질적인 것은 우리가 전략적인 계획보다도 먼저 위기를 미리 예상한다는 것입니다. 그러고나서 재정계획을 세우고 끝으로 위기를 이겨낼 방법을 계획하죠."

MIND 38 MONEY

위기를 이겨낼 때에도 자금이 필요하다.
어떤 일에 도전하거나 새로운 목표를 세울 때에는 반드시 자금이 필요하다.

자금 문제 때문에 생긴 위기인데, 위기를 이겨내려면 자금이 필요하다.
이 말을 듣는 사람들은 '누가 그거 모르냐, 자금이 있어야 위기를 이겨내지'라고 말할 것이다. 한술 더 떠서 "그런 말할 시간에 자금이나 빌려 달라. 당장 위기를 이겨내게"라고 말이다.

기업의 위기뿐 아니라 개인의 위기도 그 문제의 발단은 자금, 즉 돈(MONEY)일 경우가 많다. 그런데 위기가 돈 때문에 생긴다는 걸 알면서도 평소 돈 관리를 제대로 못해서 위기가 찾아왔다는 걸 자각하지 않는다. 위기란 위험한 기회라고 생각하며 어떻게든 그 순간을 이겨낼 궁리만 하게 되는 경우가 많다.

위기란 항상 한 번에 몰려온다. 위기란 어려움이다.

바꿔 말하면 평소에 위기관리를 제대로 하지 못해서 쌓아둔 문제들이 한꺼번에 터진다는 뜻이다. 평소 위기관리란 다시 말하면 자금관리이다. 결국 정리해보면 자금관리를 잘하면 위기관리를 할 필요가 없다는 뜻과 같다.

여러분의 자금관리는 어떻게 이뤄지는가?

'위기관리로 하면 되지, 뭐 지금은 일단 상관 않는다'라며 팔짱 끼고 있는가? 위기를 막는, 위기관리에서 효력을 발휘하는 자금관리방법을 소개한다.

1. 돈 쓸 시간을 줄여라.

부자들이 부자가 된 이유는 돈을 안 써서 그렇다. 부자들은 돈 쓸 시간을 없애고, 작은 돈에 집중한다.

사람들은 부자들이 돈이 많으니 부자들에게 돈을 벌어야겠다고 생각한다. 지극히 잘못된 생각이다. 부자들은 가난한 사람들에게 돈을 번다. 부자는 돈을 안 써서, 돈을 쓰는데 인색해서 부자가 되었다.

반대로, 가난한 사람들은 돈을 잘 써서 가난하게 산다. 지극히 당연한 이야기지만, 지극히 어려운 말이기도 하다. 가난한 사람들은 돈을 쓴다. 그 이유를 들어보면 부자가 되려면 투자해야 해서 돈을 쓰고, 그동안 못 썼는데 모처럼 돈이 생겼으니 신세진 것 좀 갚기 위해 돈을 쓴다고 한다. 진짜 잘못된 생각이다. 돈을 쓰는 한 가난은 항상 내 친구로 머문다는 사실을 알아두자.

2. 수입의 50%를 저금하고 남는 돈으로 사용한다.

돈 관리 이야기를 들을 때 항상 귀 아프도록 듣는 말이다. 돈은 쓰고 남은 돈을 저금하는 게 아니라 일단 저축하고 남은 돈을 사용하는 게 옳다. 만약

이 이야기를 아는 여러분인데, 지금도 자금관리방법을 물어보는 중이라면 생활습관부터 바꾸자.

이미 답을 알고 있는 여러분인데 새로운 방법이란 없다. 아는 방법을 적용하면 그걸로 족하다.

3. 매월 정기적으로 소액이라도 수익성 높은 은행상품에 투자하라.

가난한 사람에게 일확천금은 행운이 아니라 재앙인 경우가 많다.

돈은 관리할 줄 아는 사람을 만나면 밥이 되지만, 모르는 주인을 만나면 흉기로 변한다. 그래서 돈 관리가 어려운 사람은 반드시 전문가에게 맡기는게 바람직하다. 돈은 은행에 맡기되 다양한 금융상품 가운데 내 수입상황에 맞는 상품을 이용한다. 매월 정기적으로 발생하는 내 수입상황에 맞춘 금융상품을 선택하여 돈 관리를 한다.

· · ·

"위기란 항상 한꺼번에 몰려옵니다."

· · ·

"우리가 위기를 이기는데 필요한 조언 4가지를 기억해주세요.

1. 위기를 전체적으로 보라.

2. 위기의 끝과 끝을 보라. 위기의 진행 과정을 보지 마라.

3. 새로운 비즈니스에 대해 처음부터 끝까지 체크하는 평가 프로세스를 사용하라.

4. 위기경영이란 분명하게도 모두의 일이다. 어떤 개별 부서에 해당되는 일이 아니다."

. . .

"비즈니스는 전략 기획을 보고할 때를 비롯해서 재정 지원을 해야할 때, 위기에 대응할 때 등 모든 과정에서 자금을 필요로 한다."

. . .

"현재 가장 큰 도전 과제는 경제환경의 불확실성이란 점이다. 우리에게 연관된 어떤 특정 카테고리에 한정된 게 아니라 전반적인 문제다. 최선의 행동이란 위기를 경계하는 것이고, 앞장서서 매우 적극적으로 위기 관리에 나서는 일이다. 우리는 다행스럽게도 이번 변화에 견딜 수 있도록 은행산업이 매우 튼튼하다. 고객들과 소비자들에게 지금 일어나고 있는 상황에 대해 이해시키는 일이 중요하다. 그리고 위기의 징조를 파악하며 위기가 나올 때마다 처리하는 게 중요하다. 좋은 대책과 좋은 사람들이 있다면 금세 사라질 위기이다."

에이미는 은행의 위기관리 담당 임원의 위치에 올랐다. 은행은 돈 관리를 전문 업으로 삼는 회사인 동시에 신용을 생명으로 한다. 은행에서 돈을 불릴 수 없다면 사람들은 은행에 가지 않는다. 그래서 은행의 위기 관리 담당 역할은 은행의 생명을 다루는 일만큼 중요한 자리이다.

"'직업'이 아니라 '커리어'를 선택하세요."

인드라 누이(Indra Krishnamurthy Nooyi)

52세인 인드라 누이는 CEO가 된 이후 첫해부터 자신의 모든 열정을 쏟으며 일을 했다. 그리고 해당 연도 9월 마이애미에서 가진 강연에서는 앞으로 업계를 리드하는 회사 '펩시코'가 될 것을 비전으로 제시하면서 직원들에게 말하길 "직업 때문이 아니라 '커리어'를 위해 일하자"고 제안했다.

인드라 누이가 펩시코社를 '좋은 회사로 알리기' 위해 노력했던 그 근본적인 이유는 그녀가 태어난 인도에서 보낸 어린 시절 기억 때문이었다.

인도의 마드라스에 살던 그녀와 그녀의 가족이 함께하는 저녁 식탁에서, 누이의 엄마는 누이와 누이의 동생에게 도전할 것을 요구하곤 했는데, 누이와 그녀의 자매들이 자라서 총리가 되거나 또는 어떠한 위치에 오르더라도 "세상을 변화시켜라"라는 내용이었다.

그리고 나서, 누이의 엄마는 자신의 말에 딸들이 스스로의 생각을 대답할 것을 요구하고 들었는데, 이 당시를 회상하는 인드라 누이는 "나와 동생은 엄마의 관심을 조금이라도 더 받기 위해 서로 얼마나 경쟁했는지 그 힘들었던 것은 이루 말할 수 없다."고 고백했다.

인드라 누이는 펩시코社가 미국 내 건강식품 분야에서 50% 점유율을 차지하기를 원했는데, 그녀의 목표였던 펩시코社의 실적은 현재 중간에 가까운 40%대를 점유하고 있다. 또한 인드라 누이가 대표를 맡으면서 회사는 다양한 포트폴리오 구성을 위해 5백만 달러에서 2억 달러 규모의 회사를 인수하는데 주력하고 있다.

인드라 누이는 1955년 10월 28일 인도 타밀나두 첸나이에서 태어났다. 그리고, 세계 4위 규모를 자랑하는 식품과 음료 분야 대기업의 대표이사 자리에 올랐다. 포브스지의 여론조사에 따르면 인드라 누이는 2007년 세계에서 가장 영향력 있는 100명의 여성들 가운데 5위에 올랐다.

인드라 누이가 펩시코社에 합류한 시점은 1994년이었는데 2001년에 CFO 겸 사장에 오른다. 그리고 2006년 8월 14일 인드라 누이는 펩시코社의 CEO가 되었다. 42년의 역사를 가진 펩시코社의 다섯 번째 CEO였다.

인드라 누이는 1974년 마드라스 크리스티안 컬리지에서 화학을 전공, 학사 학위를 받았으며 졸업하자마자 캘커타에 있는 인도매니지먼트 인스티튜트에서 비즈니스행정을 전공, 이후에 인도에서 몇 해를 일했다.

그리고 1978년 예일대학교 경영과 입학허가를 받은 후 미국으로 건너가서 1980년에 학위를 받았다. 이후 인드라 누이는 보스컨 컨설팅그룹에서 근무하다가 모토로라를 거쳐 ABB에서도 근무 경력을 쌓았다.

인드라 누이는 펩시코社에서 트리콘(Tricon)을 시작하는 중요한 역할을 담당했는데, 다름 아니라 '맛있다!'라는 브랜드의 시작이었다. 인드라 누이는 타코벨, KFC, 피자헛 같은 패스트푸드 사업을 지속할 경우 펩시코社만의 충분한 가치를 가질 수 없다고 주장하며 분사시킬 것을 주장했는데, 당시 수익을 내던 브랜드들이라서 인드라 누이의 주장은 회사 내부에서도 논쟁을 일으켰다.

그 와중에 인드라 누이는 1998년 트로피카나를 인수하기도 했는데, 인드라 누이가 당시 인수 성공에 대해 말하며 밝힌 인수의 콘셉트는 "목적을 위한 퍼포먼스"라고 했다. 그 뜻은 펩시코社가 건강식품 사업을 하게하기 위함이었다는 뜻이다.

비즈니스위크지에 의하면 인드라 누이가 CFO가 된 2000년, 회계연도 기준 72%가 성장했고 순이익은 2006년 5억 6천만 달러에 이르며 두 배이상 성장했다.

뜨거운 물에서도 냉정하게 유지하기!

인드라 누이의 영리한 도전 덕분에 펩시코社는 실제로 정크푸드사업을 줄일 수 있었다. 이러한 인드라 누이에 대한 펩시코社에서 나오는 평가는 두 가지였다. 하나는 미리 알고 기다리는 비즈니스 감각을 소유한 사람, 그리고 다른 하나는 예의바르지 않은 성격스타일의 소유자라는 것이었다.

이 두 가지 이미지는 인드라 누이가 전략담당 임원으로 합류하게 되면서 더욱 분명해졌는데 인드라 누이는 대표이사였던 로저 엔리코를 설득할 때 타코벨, 피자헛, KFC를 분사시키라고 했다는 점에 주목하자. 인드라 누이 생각에 이 세 가지 사업은 펩시코社에게 별 도움이 안 될 것이라고 여겼기 때문이다.

반면, 인드라 누이는 회사에서 이따금 편안한 스타일을 연출하기도 했는데, 사무실에서 맨발로 돌아다니거나 홀에서 노래를 부르기까지 했다. 물론 이러한 스타일은 인드라 누이가 어릴 적 자랐던 인도 첸나이 지역에서 록밴드를 좋아하던 모든 여자아이들에게 익숙한 행동이었을 수도 있지만 말이다.

인드라 누이는 2001년 대표이사를 그만두게 되는 엔리코에게 노래방 기계를 선물했고, 라이브 "잼-오케"를 만들면서 퇴직 임원들을 돕기 시작했다.

펩시코에서 대표이사를 지냈던 엔리코가 회상하기를 "인드라 누이는 내가 만나본 누구보다도 더 신중하고 열심인 사람이다."라고 말하며 "단, 인드라 누이는 따뜻한 마음으로, 재미있게 일하는 법을 아는 여성이다." 라고 덧붙였다.

그리고 미국에서 지내면서 '와일드 뉴욕양키즈 팬'이라고 불릴 정도로 극성팬이었던 인드라 누이는 야구장에 가면 매 20분마다 점수를 사람들에게 알려주느라 전화기를 손에서 놓지 않는 것으로도 사람들에게 유명해졌다.

펩시코에서 인드라 누이가 건강식품을 강조하는 것처럼 보이는 것은 어떻게 생각하면 최근 유행하는 마케팅 방법으로 치부될 수도 있다.

그러나 인드라 누이는 곡식 낱알을 조리해서 만든 스낵을 팔고, 비타민이 강화된 물을 사용한다고 강조한다. 펩시코社가 업계 전체 분위기를 보다 더 건강식품을 다루는 쪽으로 유도하는데 앞장설 수 있다는 점인데, 인드라 누이는 그렇게 하는 것이 소비자들에게도 이익이고 투자자들에게도 이익이 될 것이라고 주장한다.

"나는 유리천장이 있다고 확신합니다. 그러나 그건 투명하고 깨지기 쉬워서 여러분도 그걸 깨버릴 수 있습니다."

인드라 누이는 기업 세계에서 자신의 차이점을 숨기기보다는 기꺼이 받아들이는 법을 일찌감치 깨달은 사람이다. 그런 이유 덕분에 인드라 누이는 인도에서 일하던 도중에도 미국을 향해 새로운 길을 떠나고자 했던 것이다. 새로운 도전이 있는 미국에서 자신의 목표에 도전해볼 용기를 가졌던 것이다.

미국에서 기업의 상층부에 오른몇 안 되는 여성의 한 명이 된 탁월한 사고방식의 소유자 '인드라 누이'의 이야기를 들어보면 그녀의 뒤를 따르는 세계의 여성 기업인들에게 용기가 될 것이다.

어려서부터 선의의 경쟁 분위기에서 자랐던 인드라 누이는 어릴적 가

정환경 덕분에 어른이 되어서도 기업 세계에서 경쟁하는데 있어서 이겨낼 체력이 자연스럽게 몸에 스며든 것이었다.

자신의 꿈에 도전하며 열정적으로 행동하고, 따뜻하게 주위 사람들을 배려할 줄 알았던 인드라 누이는 많은 이들로부터 존경받는 여성기업인이 되었다.

자신의 한계를 멈추지 않고 더 높은 곳으로 도약하기를 주저하지 않던 과정에서도 인드라 누이는 다른 이들과 치열하게 경쟁하면서도 경쟁에서 물러나는 사람들을 따뜻하게 포용하기를 주저하지 않았다.

진정한 리더는 경쟁에서 이긴 뒤에도 경쟁자를 배려한다는 포용심이 중요하다는 걸 직접 보여준 것이다.

흔히 유리천장이라고 부르는 '한계'가 있음을 확실히 알고 있었지만 현실에 좌절하고 도전을 포기하지 않았던 게 바로 지금의 인드라 누이를 만들어낸 것이다. 인드라 누이의 말처럼 '유리천장'은 누구나 도전만 하면 쉽게 깨지는 약한 천장이었기 때문이다.

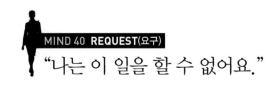

"나는 이 일을 할 수 없어요."

비비안 콕스(Cox, Vivienne)

비비안은 BP 에너지의 前 대표이사이자 수석 부사장이다. 비비안은 BP 케미컬에서 커머셜 역할을 담당하다가 1985년에 BP익스플로레이션으로 옮겼다. 그 후에는 BP 파이낸스에 몸을 담았다.

1990년 비비안은 석유거래 시 상품파생그룹을 설정하고, 1996년에 중앙유럽 및 동부유럽에서 신사업개발을 담당했다.

1998년에 에어BP의 대표이사가 되었는데, 세계 90개 국가 이상으로 브랜드 연료 세일즈 담당이었다. 이에 이어서 비비안은 석유, 가스, 케미컬, 재무와 같은 모든 BP의 거래품목을 하나의 조직에서 통합 관리했으며, 비비안이 2006년까지 이끌었다. 비비안은 2004년 수석 부사장이었고, 2008년 BP의 모든 사업활동을 다루었다.

비비안은 옥스퍼드대학에서 화학 전공으로 학사, 석사를 취득했고, 훌대학에서 명예박사 학위 및 프랑스 퐁텐블로 INSEAD에서 MBA를 취득했다.

• • •

"일과 생활의 균형이란 개념은 너무 복잡하다는 걸 알게 되었습니다. 제게 있어서 내 삶에서 무엇을 하건 간에 모두 제 일생이거든요. 그러나 나는 항상 정확하게 하진 않을 겁니다. 특히 제가 7살 때처럼 나한테 '이봐요, 난 당신 모르는데요'라고 말할 겁니다. "

• • •

"내가 부사장으로 활동할 때 제 큰딸은 3개월이었습니다. 나는 내 상사 중 한 명에게 말했어요. '나는 이 일을 할 수 없어요. 나는 다른 사람들이 일하는 시간에 일할 수 없어요.'"

MIND 40 REQUEST

회사에서 자기 목소리를 내는 방법은 제안(SUGGEST), 의견(OPINION), 질문(ASK) 등 다양한 수단이 있으나 가장 강력한 방법은 자기 의사를 그대로 요구(REQUEST)하는 방법이다. 단, 그 요구는 정확한 현실을 바탕으로 합리적인 요구이어야 한다는 조건이 붙는다.

기업의 경영자들은 항상 효율적으로 기업을 경영하는데 관심을 갖는다.

그리고 기업 경영자가 되면 자신의 판단과 결정이 기업의 가치를 발전시키고 조직을 효율적으로 운영하는 지에 대해 끊임없이 평가받게 되는데, 경영자의 위치에선 자신의 판단에 대해서도 더 효율적인 방법을 찾게 된다.

경영자 스스로도 자신의 판단 결정에서 실수할 수 있으며, 판단을 내릴 때 더 좋은 방법을 모를 수 있음을 알고 있다는 뜻이다.

따라서 경영자에게 합리적인 요구를 하길 망설이는 것은 경영자가 회사를 올바르게 운영하는데 장애가 된다.

경영자의 지시이므로 반드시 따라야 한다는 게 아니라 경영자의 지시라고 하더라도 보다 더 합리적이고 효율적인 방법이 있을 때 주저 없이 전달해야만 한다는 의미이다.

여러분은 회사에서 상사의 지시에 무조건 순종하는 타입인가?
아니면 상사의 지시에 대해서도 보다 더 효율적인 방법을 생각하여 제시하는 타입인가?

단, 여러분의 판단은 회사에서 필요로 하는 합리적인 기준에 의해서 나온 것이어야만 한다. 침묵하는 다수보다 합리적으로 협력하는 소수가 회사를 이끌어간다. 여러분 스스로의 올바른 가치를 회사에 제공하기를 망설이지 마라.

• • •

"그가 대답했죠. '내가 어떻게 해주길 바라요?' 제가 대답했죠. '최소한 일주일에 3일간은 5시에 사무실을 나갈 것이고요, 주말엔 일을 하지 않을 겁니다. 한 달에 5일 이상은 집을 떠나서 여행을 하지 않을 것이고요.' 그런데 그가 말하더군요. '이래서 우리가 당신을 필요로 하는 것이군.'"

· · ·

"그리고 내 말대로 해주기로 했어요. 하지만 난 그걸 지키지 않았지만, 매 3개월마다 난 비서랑 앉아서 얘기해요. '우리가 어떻게 가까워졌지?'"

· · ·

"일에서 균형을 잃어버린다면 나는 내 아이들과 충분한 시간을 보낼 수가 없어요. 그러면 나는 완벽하게 비효율적인 게 되는 거죠."

비비안은 석유상품을 다루는 회사에서 잔뼈가 굵었다. 상품의 특성상 전 세계를 상대로 글로벌 비즈니스에 이르기까지 모든 업무를 담당했다. 회사일로 하루 24시간이 부족할 정도로 바쁠 것이란 짐작이 가능하다. 실제로 비비안은 회사일과 집안일 때문에 고민을 했다.

비비안은 회사일도, 가정도 자신의 인생에서 소중한 한 부분이라는 판단을 했다. 그래서 결국 회사일과 가정에 동시에 충실하기로 하고 최선을 다한다.

회사일 때문에 가정을 소홀히 한다는 것은 비비안에게 통용되지 않는 말이었다. 글로벌 비즈니스를 하는 기업은 해외 출장도 빈번하고, 각 나라와 업무를 하려면 출퇴근 시간에 상관없이 하루 24시간을 일하는 경우도 많다.

그러나 비비안은 회사일과 가정일을 할 시간을 구분하고, 각 할당된 시간에 최선을 다했다. 회사일로 글로벌 경영자의 위치에 오르고, 가정에서도 역시 좋은 엄마가 되었다.

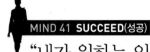

"내가 원하는 일에 집중하고, 그걸 해냈어."

마리 미닉(Minnick, Mary)

마리는 최고마케팅 담당자이다. 마리가 미국 비즈니스계에서 최고위 여성임원으로서 코크에서 보낸 재임기간 동안 마리가 담당할 업무는 회사 전반적인 리서치, 전략, 마케팅 업무 부문이었다.

2년이 채 안 된 즈음 마리는 성공을 기록했다. '코카콜라 블랙' 그리고 네슬레와 함께 개발한 녹차음료 '엔비가'까지. 그녀는 회사 광고 에이전시를 해고하고 "인생의 동반자 코크"라는 광고를 전개했다. 결국 마리는 코크와 소비자의 니즈를 연결하는 데 성공했다.

2005년 코크 CEO 네빌 이즈델은 마리에게 할 일이 있으니 홍콩에서 아틀란타로 돌아올 것을 지시했는데, 그 이유는 코크의 최고 마인드를 가진 임원들 다수가 회사를 떠나고 있었는데, 마리가 자기 곁에 있어야 안심할 수 있을 것만 같았기 때문이었다.

처음엔 자리를 맡기 꺼려하던 마리는 결국 역할을 담당하게 되는데, 아시아의 38개 나라에서 운영관리를 하면서 "나는 시끄러운 현실에서 자유롭게 지내고 있었어요."라며 "나는 진짜 회사가 어때야 하는지, 그리고 어떻게 되기를 원하는지 생각할 수 있었어요."라고 밝혔다.

• • •

"나는 회사에게 필요한 일을 하면서 23년을 보냈어요."

"나는 내 개인의 인생에서 중요한 걸 알았어요. 나를 위해서 내 시간을 투자하지 않았던 몇 년간의 시간 동안이에요."

마리가 아틀란타로 돌아오자마자 한 일은 독창성으로 알려진 회사들을 찾아다니며 학습하는 일이었는데, 당시 코크는 투자자들로부터 성장을 못하는 것에 대해 질책을 당하는 중이었다. 뭔가 반짝이는 혁신이 필요했던 코크에서 마리가 선택한 것은 플래버(맛)였다.

코크의 조직을 다시 세우며 한 팀에서 일하지 않았던 그룹들도 다 모았다. 다음 세대 음료를 만들기 위해 전문가들을 불러 모은 건 물론이다.

• • •

"나는 코크에서 알아주는 걸 기다릴 것인지 확신할 수 없어요."

• • •

"내가 원하고 이루고 싶은 일들이 있어요. 그래서 거기에 집중하고 그걸 했어요."

MIND 41 **SUCCEED**

사회에서 성공을 꿈꾸는 사람들은 대다수 자신의 목표와 자신의 꿈에 맞춰 도전한다. 자신에게 가장 잘 맞는 분야라고 확신하고 자신의 미래를 투자하는 것이다. 그러나 간혹 어떤 사람들은 자기 자신의 적성을 뒤늦게 발견할 때가 있다. 사법고시를 통과하고 법원에서 판사로 근무하는 사람은 세상이 바라보는 성공위치에 올랐으나 자신만의 스트레스로 그 자리를 포기한 일도 있다.

항상 소송의 자리에서 판가름을 내려야 하는 판사란 직업은 정의의 심판자라는 듣기 좋은 명칭보다 누군가 판사 앞에서 거짓말하는 사람을 가려내야 한다는 스트레스에 시달린다고 말한다. 사람의 말을 무조건 의심부터 하고 보는 직업병적인 증세도 생긴다고 한다. 모든 게 스트레스 때문이다.

돈 잘 번다는 치과의사 가운데 50% 정도 되는 비율의 사람들은 자신이 직업을 잘못 선택했다고 여기고 직업을 바꿀 의사가 있다고 한다. 사회적으로도 안정되고 수입도 좋은 치과의사이지만 자신이 하는 일은 항상 다른 사람의 입속을 들여다보는 일이라서 그렇다고 한다.

다른 사람의 입속이라도 건강한 치아 상태가 아니라 썩은 이, 잇몸병 난 입, 치아를 뽑거나 교체하는 일이기 때문에 일을 하면서 느끼는 좌절감과 스트레스도 무시하지 못한다고 고백한다.

사회적으로 인정받는 좋은 직업을 소유한 사람들일지라도
그들 스스로 생각하는 성공의 자리엔 못 오른 경우가 있다는 뜻이다.

지금 여러분의 성공은 어떠한가?
회사에 출근하기가 즐겁고 하루하루가 행복한가?

회사와 가정에서 모두 만족감을 느끼며 매 시간을 행복함으로 지내고 있는가?

직업이란 꿈이란 결국 자기 가치와의 경쟁이다.
내가 원하는 가치를 일상 생활에서 실현할 수 있는 기회를 붙잡는 것이 바로 성공이다. 판사도 치과의사도 자기 직업에서 오는 스트레스를 느낀다. 남들이 다 부러워하는 대기업에 입사했지만 1년 안에 회사를 그만두는 사람이 30%에 이른다. 사회에서 바라보는 성공의 위치와 자기 스스로 느끼는 성공의 위치가 다르다는 뜻이다.

내가 원하는 가치를 내가 이루려는 목표의 위치에서 이룰 수 있을 때 진정한 성공의 인생이 펼쳐진다. 지금 내 목표가 내 가치를 반영하고 있는지 되돌아보고 체크하자. 시간 낭비가 아니라 미래의 시간을 절약할 수 있는 귀중한 결정의 순간이다.

마리가 일하기 시작한 초기 많은 여성들이 회사에 입사했지만 열심히 일해도 남자동료들로부터 존경을 받기는 어려웠다. 심지어 남자들처럼 옷을 입기도 했다.

"나는 넥타이를 50개나 갖고 있어야 했어."라고 고백한다. 남자가 아니라 여자의 이야기다.

이후에 일 외에 자기 인생을 돌아보던 마리는 영국 햄프셔 시골에서

낚시여행을 하던 중, 파리낚시여행회사를 운영하던 사람을 만났는데, 지금 그녀의 파트너인 사이먼 쿠퍼이다.

・ ・ ・

"그건 내 인생에서 중요한 것을 바꿔줬어요."

마리는 요즘 넥타이도 매지 않고 비즈니스 수트도 갖고 다니지 않는다.

・ ・ ・

"나는 누구를 위해 자문하거나 이사회에 앉을 준비도 안 해요. 이익이 없는 일을 할 준비도 안 되어 있어요."

마리는 라이온캐피털에서 자신의 역할을 찾았다. 케틀식품, 오렌지나, 위터빅스 등의 소비재기업에 투자하는 역할이다.

・ ・ ・

"나는 CEO란 타이틀에 매달리지 않아요. 회사는 어때야 하고, 어떻게 되어야 하는지에 대해 직접적인 방향을 제시해 줄 수 있는 자리에 있거든요."

마리는 글로벌 기업의 최고 마케팅 담당자로서 큰 실적을 내며 성공하고 인정받는 위치에까지 올랐다. 그러나 어느 날 마리는 깨닫는다. 자신이 선택했고 자신의 재능을 발휘하는 일이 자기가 진정 원하는 일이 아닐 수 있다는 것이었다.

사람들에게 인정받고 사람들이 부러워하는 위치에 올랐지만 마리 자신은 그 일에서 가치를 찾지 못했고, 그래서 마리는 자신이 진정 원하는 일을 하기 위해 자리를 옮겼다.

다니던 회사보다는 작지만 자신이 가치를 찾는 곳에서 원하는 일을 하면서 마리는 행복하다고 느낀다. 자신의 가치를 실현할 수 있다는 것은 그 장소가 크거나 작거나 상관없다.

"트렌드는 세계화, 국제화에 있습니다."

크리스틴 푼(Poon, Christine)

1951년생인 크리스틴은 2009년 이후부터 2013년에 만료되는 감독위원회의 멤버이다. 이전에는 존슨앤존슨 부사장이었다.

크리스틴은 1973년 노스웨스턴대학에서 생물학 학사를 취득하고, 1976년 세인트루이스대학에서 생화학 석사를 취득한데 이어 1982년 보스턴대학에서 MBA 파이낸스 자격을 취득했다.

· · ·

"내가 아는 하나의 트렌드는 학생들이 학위를 투자로 여기고 그에 대한 대가에 관해 생각을 많이 한다는 것입니다. 우리는 종종 대학원 교육은 약간은 가격적 탄력이 있다고 생각했습니다만, 내가 대학원 교육이라고 말할 때 갖는 팩트(FACT)는 그것이 결국 개인의 시간 그리고 어떤 금전적으로도 큰 투자라는 점입니다. 그에 대해 투자의 대가로서 많은 생각들이 있습니다."

· · ·

"학생들의 학위를 얻기 위하여 학생들을 후원하는 기업들이나 스스로가 학위를 얻기 위하여 노력하는 학생들의 경우는 더 특수하다고 여깁니다. 비록 우리는 MBA 수요가 여전히 많을지라도 특별한 전문가를 찾는 수요도 역시 많은 걸 압니다. 가령 재무, 회계, 마케팅, 운영 등이죠."

・・・

"다른 트렌드는 세계화와 국제화에 있습니다."

MIND 42　TREND

트렌드는 흐름을 뜻한다. 트렌드는 현 시대의 방향을 뜻하기도 하지만 미래가치를 가늠하는 나침반을 제공하기도 한다. 트렌드를 알아야 도전의 방향을 세울 수 있고, 자신이 이루고자 하는 목표의 가치를 부여할 수 있다. 트렌드야말로 미래가치를 확보하기 위해 가장 먼저 체크해야할 필수 아이템이다.

청바지를 만드는 사업가의 이야기가 있다.

4계절 내내 팔리는 청바지의 특수성을 착각하여 사업성이 높은 것으로 판단한 A는 친구와 같이 동업하여 자본을 만들고 새로운 청바지 개발에 노력했다. 그리고 필자를 만나자는 요청을 하여 미팅을 가졌는데, 이때 A가 보인 청바지는 청바지 원단을 두 장 덧대고 그 사이에 솜을 넣어 누빈 디자인의 것이었다.

특허청에 특허도 받은 디자인 기술인 점을 강조하며 물량은 자신들이 만들어놨으니 이제 판로만 결정하면 된다고 했다.

그러나 A가 놓친 것은 바로 트렌드였다. 청바지는 4계절 동안 팔 수 있는 아이템이란 점은 맞다. 하지만 청바지의 4계절 판매 가능성 때문에 많은 사람들이 진입해 레드오션(RED OCEAN)이 된 지 꽤 지났고, 매주 단위로 디자인이 바뀌는 초스피드 시장이 되어버린 지 오래이다.

A는 이러한 청바지의 트렌드를 무시한 채 스스로 생각하여 결정한 디자인만으로 경쟁의 무대에 올랐다. 그 결과는 불을 보듯 뻔한 일이었다. A는 결국 청바지 사업을 소리소문 없이 접어야 했다. 트렌드를 무시한 사업 판단과 도전의 결과가 속절없이 무너지는 순간이었다.

트렌드는 바다의 파도 흐름에 비유할 수 있다. 바다엔 밀물과 썰물이 있듯이 모든 트렌드는 들고, 남이 있다. 밀려올 때는 거침없이 계속 쌓일 듯 밀려오지만 나갈 때는 두 번 다시 안 돌아볼 것처럼 확 빠져나간다. 지금 트렌드라고 해서 영원히 지속될 건 아니라는 뜻이다.

인생 목표도 마찬가지이다. 지금 트렌드에 따라 생긴 목표와 꿈은 트렌드가 바뀌게 될 시기에 속절없이 사라질 위기에 빠진다. 내가 이루고 싶다고 여긴 꿈과 목표가 하루아침에 트렌드에 밀려나면서 아무도 주목하지 않는 일이 될 수 있다.

그렇다면 꿈과 목표는 어디에 초점을 맞춰야 할까? 그건 트렌드에 휩쓸리지 않고 내 자신의 가치를 세우는 데 있다. 트렌드에 영향 받지 않는 가치를 지닌 일이라면 꿈과 도전 목표가 되어도 좋다. 하지만 순간적인 트렌드에 휩쓸린 꿈과 목표라면 하루 빨리 다시 생각해야 한다. 트렌드는 순간적으로 들어왔다가 순간적으로 다시 빠져나간다.

빠져나갈 때는 붙잡을 지푸라기 하나 남기지 않고 모두 쓸어간다. 트렌드에 내 꿈과 도전 목표가 스러질 수 있다는 뜻이다.

· · ·

"학생들은 높은 취업경쟁에 직면해 있습니다. 시간이 흐를수록 자신들의 경력 선택에 따라 기업에 입사하는 학생들의 수는 점점 줄어들 것입니다. 그런 전망이 사실인지 나는 잘 모릅니다만, 내 생각에는 앞으로 10년 이내에 사업가들의 명성이 인기가 시들해질 것으로 봅니다. 그래서 각 대학들이 현재 기업들에게 진행 중인 이슈들에 대해 계속 말해줘야 하는, 그리고 타당성 찾기를 계속 하는 중요한 변화가 있을 겁니다."

크리스틴은 대학원 교육, 즉 학생들의 가치 투자에 대해 많은 이야기를 꺼냈다. 단순히 학생들의 학위를 가져오려고 학생을 후원하는 기업들은 없다는 현실임에도 학생들은 더 높은 학위를 확보하기 위해 자기 인생을 투자하며 대학원에 오는 이들이 많다는 지적이다.

크리스틴은 앞으로 10년 이내에, 지금 인기있는 직업으로 사업가가 되려는 학생들의 수가 반대로 줄어들 것이라는 이야기를 한다. 트렌드가 바뀌고 사람들은 자기 자신의 가치를 찾는 일에 더 집중할 것이라는 분위기도 크리스틴의 판단에 영향을 줬을 듯하다.

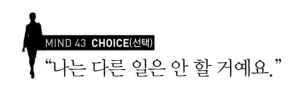
"나는 다른 일은 안 할 거예요."

프리다 지아니니(Giannini, Frida)

이탈리아 디자이너 프리다 지아니니는 더 이상 이야기가 필요 없는 유명인이다. 그러나 패션브랜드와 그녀의 디자인으로서만 짐작할 뿐, 프리다 지아니니의 개인에 대해선 모르는 사람들이 많다.

지아니니는 1972년 로마에서 태어났다. 건축가인 아버지와 예술역사 교수인 어머니가 있다. 지아니니는 로마 패션아카데미에서 패션디자인을 학습하고 소규모의 기성복 회사로 취업했다.

1997년 지아니니는 펜디로 자리를 옮겼는데, 가죽제품 디자이너로 발령받기 전에 3계절 동안 기성복 디자인을 담당했다. 그리고 2002년에 지아니니는 구찌 핸드백 디렉터가 되었고, 이탈리아 패션하우스에서 지아니가 시작한 첫 번째 역할이었다.

2005년 지아니니는 구찌에서 여성복 기성복 담당 크리에이티브 디렉터가 되었으며, 2006년에 남성복도 맡게 되면서 전체 레이블의 크리에이티브 디렉터가 되었다.

．．．

"내 몸 이 부분이 노출되는 건 못 보실 거예요."

．．．

"발렌티노가 항상 빨간 옷만 입는다고 말하는 것 같군요."

．．．

"너무 꽉 조이는 옷을 입는 게 정말 끔찍하게 여겨질지라도, 나는 전 세계 여성인구의 절반을 덮을 거예요. 내 디자인이 진짜 섹시하게 보이게 하기 위해서요."

．．．

"나는 포니테일스타일 여자에요. 내 스타일이 바로 그거예요."

．．．

"내가 크레프드신을 입으면 그건 예뻐도 소용없어요. 완전 난장판 같은 디자인을 보이는 것과 같아요."

．．．

"그건 정말 옳은 것 같지 않아요."
"내가 하는 일에 대해 내가 믿지 않는 것처럼 보일 거예요."

．．．

"내 동료들은 내가 그걸 입고 회사로 나오면 (예쁘다고 하면서) 나를 안심시켜주네요."

• • •

"내가 그걸 여자친구에게 줬을 때 난 너무 창피했어요."

• • •

"난 프랑스 신발 만드는 사람을 보면 너무 좋아요."

• • •

"우리는 세계에서 가장 유명한 럭셔리 브랜드의 하나를 만들고 있어
요. 거기엔 최소한의 존경과 예의가 있어야 해요."

• • •

"나는 다른 일은 안 할 거예요."
"나는 사회생활을 하지 않아요. 난 건강하지 않거든요. 난 위장병이 있
어요."

MIND 43 CHOICE

도전에는 선택이 필수이다. 사람들은 자신의 선택에 따라 일을 하고, 쉬고,
꿈을 만들어 나간다.

사람을 움직이게 하는 것은 동기(MOTIVATION)이지만 그 일을 이뤄나가는
과정은 선택으로 제한된다. 선택 결과에 따라 사람들은 자신의 인생에서
성공과 실패를 갖는다. 선택의 중요성을 알아야 한다는 뜻이다.

선택은 자기가 결정하는 마음의 결과이다.

섣부른 선택은 실패를 부른다고 말하지만 신중한 선택 역시 성공을 담보하진 않는다.

선택이란 그만큼 불확실성을 갖는다는 뜻이고, 불확실성 속에서 선택을 해야 하는 사람들은 선택 그 자체보다 선택이 가져올 결과를 예상하며 가치를 부여하기도 한다.

선택이 가져올 성공을 기대하기보다 선택이 가져올 수 있는 실패의 경우에 선택을 하게 된 합리적 변명을 만들기에 바쁘다.

나는 이럴 수밖에 없었어.

그때는 이 선택이 가장 올바른 선택이었어.

그 선택 아니면 내가 어떻게 해?

여러분은 지금 미래의 꿈과 도전 과제를 앞에 두고 어느 선택을 해야 할 지 고민하고 있는가? 어느 쪽을 선택하더라도 결과에 만족할 수 있다는 사람은 행복한 고민을 하는 중이지만 그렇지 않은 사람은 자기 인생을 거는 고통의 시간을 보내는 중일 것이다.

이럴 때 사용하는 '올바른 선택'을 위한 척도가 있다.

그건 바로 선택을 할 때 '선택의 가치를 보장하는' 것이다.

어느 선택이나 결과를 장담할 수 없다. 어느 선택을 하더라도 실패의 가능성이 존재한다. 올바른 선택을 하더라도 과정 중에 생길 수 있는 트렌드 변화로 그릇된 선택이 될 수도 있다. 사람은 미래 현상까지 완벽하게 예측하며 선택을 할 수 없는 태생적 한계를 지녔기 때문이다.

지금 선택에 두려움이 생긴다면, 선택의 결과에 치중하기보다 선택의 가치에 집중하자. 내 인생, 내 시간, 내 삶을 투자하면서 나중에 그 가치에 만족할 만한 선택을 고르자는 뜻이다.

· · ·

"좋은 가치를 만들기 위해서 내부 균형을 잘 찾아야 해요."

· · ·

"나는 하나도 없는 것처럼 미친 것처럼 싸웠어요."

지아니니는 패션디자이너로서 패션에 헌신하는 사람이다. 공공연하게 밝히길 다른 일은 안 할 것이라고 못 박는다. 그리고 자신의 일에 대해서, 자신의 선택에 대해서 존경과 예의를 갖춰야 한다고 주장한다. 지아니니가 글로벌 패션무대에서 성공의 자리에 오를 수 있던 비밀이다.

자신이 내린 선택, 그리고 선택에 대한 집중, 자신의 선택에 대한 존경과 예의가 지아니니를 성공의 위치에 올렸다는데 이의를 제기할 사람은 없을 것이다.

"내가 이익을 만들 수 있다는 사실이 좋습니다."

마하 구나임(Maha Al Ghunaim)

마하는 1998년 글로벌인베스트먼트하우스에서 근무를 시작했다. 글로벌인베스트먼트하우스는 현재 70억 달러의 자산을 갖고 있으며 마하는 글로벌인베스트먼트하우스의 전무이사 겸 이사회 부의장이다. 2005년 자산재정규모 62억 달러를 운영하고 있다.

마하는 2005년 2억1천 48만 달러에 도달하는, 3배 성장한 이익을 달성하는 드라마틱한 효과를 기록한 금융기관을 만들었고, 아랍은행 세계에서는 유명한 스타이다. 마하의 꿈은 글로벌인베스트먼트하우스의 영업지역을 확장시키는 것이고, 글로벌 규모로 키우는 것이다. 수많은 은행과 투자이사회들, 그리고 쿠웨이트 젊은 아랍지도자들로 구성된 세계경제포럼 집행위원회의 수장이기도 하다.

• • •

"우리는 효율적인 업무환경을 창조하는 중입니다. 기술을 통합하는 것이죠. 우리는 또한 우리 직원들을 부유하게 만드는데 중점을 둡니다."

• • •

"세계의 은행과 많은 투자은행에 관해서 제가 매력적으로 보는 것은 우리가 일하는 곳들마다 경제 영역에서 주요 담당자로 활동한다는 것입니다."

• • •

"나는 내 주주들, 고객들, 직원들, 비즈니스파트너들을 위해 내가 이익을 만들 수 있다는 사실을 좋아합니다."

MIND 44 PROFIT

기업은 이윤 추구를 목적으로 한다.

이익이 없으면 기업이 존재할 이유가 없고, 기업이 없으면 사람들이 일할 곳이 없어진다. 결국 이익이 있어야 사람들이 일할 곳이 생긴다는 뜻이다.

그래서 기업이 이익을 추구하는 것은 당연한 일인데, 이윤 추구의 방식은 각 기업마다 상품을 팔고 고객으로부터 그 대가로 돈을 받는 것이다. 고객으로부터 받는 돈은 기업이 상품을 만드는 비용, 즉 인건비, 원부자재비, 기타 경비로 쓰이며, 남는 돈은 기업이 기업의 미래를 투자할 돈으로 쓰인다.

이윤(이익)이란 결국 소비자가 기업의 상품을 구매하면서 지불하는 돈인데, 이 돈이 기업에 가서 다시 상품을 만들어 팔고, 그 상품을 판매한 돈이 다시 기업으로 와서 기업에서 일하는 사람들의 인건비로 사용된다. 결국 돈은 기업, 사람을 모두 살리는 돈으로 사용된다는 구조를 알 수 있다.

이윤이란 그래서 눈에 보이는 돈을 말하는 경우가 대부분인데, 간혹 눈에 보이지 않는 무형의 이익을 말하기도 한다. 무형의 이익이란 돈 외에 각자 중요하게 생기는 가치를 갖는 것으로 말할 수 있는데, 자기 만족에 해당하는 가치, 또는 행복한 마음 등으로 대체할 수 있다.

이윤이란 눈에 보이는 금전적 가치인 돈을 말하기도 하고 눈에 보이지 않는 가치를 말하기도 한다.

그런데 사회가 발전하고 사람들의 욕구가 다양해지면서 기업들이 만드는 상품도 다양해졌다. 상품이 다양해지면서 사람들의 소비습관도 보다 더 많은 선택을 하기 위한 신중한 소비로 변하게 되었는데, 신중한 소비가 되면서 기업들은 자신들의 상품에 다양한 가치를 붙어넣게 되었고, 소비자들에게 가치를 내보이는 가치마케팅에 집중하는 현상도 자주 발생한다.
경쟁이 부른 또 하나의 소비시장이 태동하게 된 것이다.

이와 같은 상황은 기업에게만 더 많은 실력과 기술을 요구하게 된 것이 아니라 소비자 자신에게도 되돌아갔다. 소비자들은, 즉 기업에서 일하는 사람들은 소비자가 원하는, 자기 자신들이 원하는 상품을 만들기 위해 더 높은 지식과 학문을 소유한 인내에 집중하게 되었고, 결과적으로 취업시장이 좁아지는 현실이 되어버린 것이다.

취업시장이 좁아지면서 돈을 벌 기회가 줄어든 사람들의 지갑이 얇아졌고, 사람들은 지갑이 얇아지자 소비를 줄이게 되었는데, 이런 이유 때문에 다시 기업들이 어려워지게 되는 현상이 생겨났다.
여러분의 이해를 돕고자 기업과 소비자, 그리고 돈(이익)과의 관계를 알아봤다.

정리해보면 기업의 이익 추구는 기업과 사람이 존재하기 위한 합당한 목표가 된다는 것이고, 사람들은 기업과 사람들 자신이 살기 위해 돈을 써야 한다는 뜻이다. 돈을 쓴다는 것은 결국 기업도 살리고, 사람 자신도 스스로 살아갈 수 있는 경제활동을 할 수 있게 해준다.

혹자는 필자의 설명에 이의를 제기할 수도 있다. 돈을 절약하고 '은행'에 넣어두면 기업들이 은행에서 돈을 빌려다가 기업을 운영활 수 있지 않는가 하고 말이다.

이 의견 역시 맞다. 그러나 한 단계만 더 높여 생각해보자.
은행에 돈이 많아지면 은행은 대출을 늘리거나 기업들에게 돈을 투자하게 된다. 경제활동을 하게 해서 은행이 가진 돈의 이익을 늘려야 하기 때문이다. 은행도 엄밀히 따지면 기업이기 때문이다.

은행이 빌려준 돈으로 기업들이 물건을 만들었는데, 소비자들이 지갑을 닫고 물건을 안 산다면 어떻게 될까? 또한 은행에서 돈을 빌린 사람들이 경제활동에 투자했는데, 사람들이 돈은 안 쓰고 은행에 다시 맡기면 기업이 만든 제품이나 사람들이 소비한 돈이 줄어들면서 은행에서 돈을 빌려간 기업과 사람들은 또 다시 은행 이자도 못 내는 상황에 빠진다.

은행으로서도 빌려준 돈에 대해 이자를 받지 못하게 되니까 은행 경영도 어려워진다. 은행, 기업, 사람들 스스로 자기 함정에 빠지게 되는 일이 생긴다는 뜻이다. 그런데 이 상황을 타개하려면 은행들과 기업들, 사람들은 글로벌 시장에 눈을 돌려 새로운 시장 개척에 나서야 하는데, 새로운 시장 개척이 어려운 글로벌 경제 위기일 경우라면 문제는 더욱 심각해진다.

이익이 안 생길 경우 초래하는 여러 가지 상황을 가정하여 알아보는 중이다. 이 과정에 이어 어떤 현상이 일어날까? 사람들은 은행 이자를 내기 위해 부동산을 시장에 내놓거나, 은행이 대출금을 회수하기 위해 담보로 잡았던 부동산을 경매에 붙일 것이다.

하지만 경매에 나온 부동산이나 팔려고 내놓은 부동산에도 사려는 사람들이 없다면 문제는 더욱 심각해진다. 은행이 대출금 회수를 못하고, 부동산을 가진 사람들이 대출금을 못 갚는 상황에서는 뾰족한 방법이 없다.

돈을 가진 사람들에게 소비를 촉진시키는 다양한 정책이 필요한 시점이 된다. 이와 같이 이익(이윤) 그 자체는 돈이란 단순한 의미에 지나지 않지만, 그 순환 과정을 알고보면 우리의 일상 생활에 막대한 영향을 끼치는 경제의 큰 축이다.

여러분의 지갑 속에 든 돈의 중요성이 이렇게 크다. 그래서 기업의 존재 이유가 우리에게 큰 의미가 있다. 여러분의 도전이 기업경영이라면 기업경영자들에게 필요한 돈의 가치와 견해를 정립해두도록 하자. 기업은 사람을 살리는 경제 구성 요소이다.

．．．

"글로벌인베스트먼트하우스에서는 국적이나 성별의 차이가 아닌, 스태프 멤버들이 업무실적에 따라 평가되는 직업문화가 있습니다."

．．．

"직업주의를 바탕으로 하는 직업문화의 어려움은 여러분이 스스로를 증명해야한다는 점입니다. 어떤 사람들은 약한 지표면 바람에도 급속도로 확산되는 루머를 만들면서 부정적인 에너지를 만들 겁니다."

．．．

"나는 쉽게 달성하기 어려운 목표를 설정하는 걸 좋아합니다. 그리고 그것들을 이루기 위해 노력하죠."

．．．

"모든 새로운 프로젝트가 도전입니다."

．．．

"이게 내 희망이라면 나는 매우 성공적이길 바랍니다. 내 남편과 가족들, 그리고 효과적인 경영관리를 통해 적절한 시기에 효과적으로 강한 지원을 받게 될 것입니다."

．．．

"부모들은 그들의 아들과 딸들에게 그들이 사랑하는 직업을 선택하라고 격려해줘야 합니다. 여성의 직업으로서 은행 일에 대해서 내 어드바이스는 간단합니다. 계속 하는 겁니다. 그러나 항상 기억해야 합니다. 남성 동료들보다 더 열심히 해야만 한다는 것을요."

마하는 아랍 지역 은행 분야에서는 유명한 스타이다. 업무환경을 새롭게 변화시키고, 아랍 지역 은행계에서 이익을 내며 경영자로서 영역을 확대하고 있다. 마하는 이익을 창조한다는 것에 큰 가치를 부여하고 글로벌 무대로 성큼성큼 도전하고 있다.

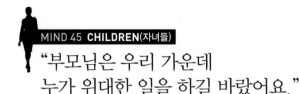
"부모님은 우리 가운데 누가 위대한 일을 하길 바랐어요."

헬렌 게일(Gayle, Helene)

헬렌은 케어USA의 대표이사 사장이다. 글로벌 개발 및 인도주의 문제에 대한 전문가, 건강 전문가로서 헬렌은 질병통제예방센터에서 HIV, 에이즈들을 연구하며 20년을 근무했다. 헬렌은 그리고 빌&멜린다 게이츠 재단에서 일했는데 HIV 및 에이즈 프로그램을 포함하여 다른 지구 건강 문제를 위해 일했다.

헬렌은 HIV 및 에이즈에 대한 오바마 행정부 대통령자문위원회에서 활동하면서, 백악관 장학금에 대한 대통령위원회에도 몸담았다. 포린폴리시매거진의 '톱 100명의 글로벌 사상가'에 이름을 올렸으며, 뉴스위크지가 선정하는 '여성 리더 탑 10인'에도 포함되었고, 월스트리트저널이 선정하는 '주목해야할 여성 50인' 등에도 포함되었다.

헬렌은 수많은 과학 논문을 발표했는데, 뉴욕타임즈, 워싱턴 포스트, 포브스워먼, 글래머, 오 매거진, 내셔널퍼블릭라디오, CNN 등에 의해 추천되었다.

헬렌은 뉴욕 버팔로에서 태어나 자랐다. 버나드컬리지에서 심리학 학사 학위를 취득했고 펜실베니아대학에서 석사 학위를 받았으며 존스홉킨

스대학에서 박사 학위를 취득했다.

헬렌은 여러 이사회에서 활동한다. 록펠러재단 ONE에서 전략국제연구센터를 포함해서 자연사 미국박물관 등 다수이다. 헬렌은 외교관계위원회, 브렛튼우즈위원회, 미국보건협회의 멤버이다.

• • •

"때때로 그건 나한테도 생겨요."
"질병은 정말 저항할 수 없을 정도에요. 바이러스는 예방하기가 너무 어려워요. 하지만 우리가 해야만 하는 일입니다."

• • •

"두 부모님은 우리 가운데 위대한 일을 할 사람이 나오는 게 당신이 할 수 있는 세계에 공헌하는 길이라고 강하게 느끼셨어요."

MIND 45   CHILDREN

여러분의 2부는 자녀들이다. 누구나 일생을 한 번만 쓴다.
인생은 재방송이 없는 일회 방송, 그것도 생방송이다.

인생이 녹화방송이라면 한번 찍고 나중에 좋은 부분만 편집해서 방송하면 될 것인데 인생이 생방송인 까닭에 1회에 그친다. 그래서 사람들은 인생을 소중하게 여기고 최선을 다해야만 한다.

사람들의 일생에서 2부가 있다면 그건 바로 아이들이다.

아이들은 나와 닮은 외모에 성격을 물려받아 태어났고, 부모가 가르치는 대로 어린시절 교육과정을 거친다.

아이들의 인생 스승은 1차 부모들이고, 2차는 학교 또는 사회에서 만나는 사람들이다. 그래서 사람과 사람 사이 관계가 중요하다. 아이들이 성장하면서 배우고 익히는 다양한 재능과 인성이 모두 사람과 사람 사이를 통해 형성되기 때문이다.

여러분의 인생이 너무 짧다고 여기는가?

그렇다면 여러분의 2부를 준비하자. 여러분의 가치와 여러분의 일생을 기억해주고 이어나갈 2부는 자녀들이 감당할 수 있다.

• • •

"최근 몇 년 동안 10대 청소년들의 임신과 약물남용, 성병 등의 질병에 대해 중요하게 다루지 않았어요. 우리가 건강문제를 동일하게 대우하는 게 중요해요. 에이즈 같은 병은 최대한 더 노력해야 해요."

• • •

"나는 내가 인류에 공헌할 수 있게 해주는 직업에 있어서 높은 자리에 있었던 것을 후회하지 않습니다. 어떤 면에서 보면 내가 고위직으로 올라가고 싶어 했던 이유가 있을 것입니다. 당분간일지라도 내 인생은 부족함이 없었어요."

. . .

"질병 확산에 관해 더 배우는 것은 우리에게 대항할 무기를 더 주는 것과 같습니다."

. . .

"우리는 선택권이 없었어요. 다만, 영향을 주기 위해 노력할 뿐이죠."

헬렌은 HIV에이즈 연구에 헌신하면서 건강 문제에 대해 전문성을 갖춘 여성이다. 끊임 없이 바이러스를 연구하고 질병 예방에 힘써 오던 중 빌&멜린다 게이츠 재단에 합류하여 활동했다.

헬렌은 미래의 건강을 위해 청소년들의 건강 문제에도 관여하며 질병 확산을 막기 위한 다양한 활동을 이어가고 있다. 헬렌은 어릴적 부모로부터 들은 말 '우리들 가운데 누가 위대한 일을 할 사람이 나오는 것'을 기억하고 살았다. 나 혼자만의 문제를 해결하기 위한 인생이 아니라 다른 사람들, 인류를 위한 일을 하게 된 것도 어쩌면 부모 덕분에 가능한 일이었다.

오늘의 헬렌을 만든 건 헬렌 자신이라기보다 헬렌의 부모였다고 말할 수 있다.

"시간이 말해줄 겁니다. 변화가 생길 겁니다."

수전 린(Lyne, Susan)

수전은 길트 그룹의 최고경영자이다. 길트그룹은 온라인 패션 럭셔리 브랜드 쇼핑몰인데, 2008년부터 수전이 CEO로서 재임했다. 그 전인 2004년부터 2008년까지 수전은 마샤스튜어트리빙옴니미디어의 대표이사 겸 사장이었다.

마샤스튜어트리빙에 입사하기 전에는 월트디즈니컴퍼니를 비롯하여 2002년부터 2004년까지는 ABC엔터테인먼트, 월트디즈니모션픽쳐그룹 등에서 다양한 포지션에서 활동했다.

• • •

"샘플을 파는 것부터 온라인쇼핑몰을 시작하게 된 것입니다. 왜냐하면 많은 사람들은 아직 온라인쇼핑에 대해 익숙하지 않았기 때문입니다. 만약 당신이 맨해튼에 살고 있지 않다면 당신은 샘플세일이 뭔지 모를 겁니다. 당신은 현재 팔리는 브랜드 상품을 알 수 있습니다. 그러나 당신이 그 매장에 들어가지 않으면 무슨 일이 일어나는지 모르죠. 한정된 수량의 상품이라면 더더욱 그렇죠. 흥분되는 쇼핑경험을 제공할 겁니다."

· · ·

"매일 재능 많은 사람들이랑 같이 일합니다. 많은 비용은 들지 않지만 품질이 뛰어난 제품 사진을 찍습니다. 그렇게 수천 가지 상품들 사진을 찍는걸 매일 한다는 건 쉬운 일이 아니죠. 우리가 매일 하는 일이란 럭셔리 상품 사이트를 생각한다는 것입니다. 그 외에 수많은 일들 역시 보고 느끼는 것들입니다."

· · ·

"친구 초대하기 시스템입니다. 우리 고객들은 실제로 우리의 최고의 마케터들입니다. 누군가 상품을 산 후 기분이 좋았다면 그들은 친구들에게 초대장을 보냅니다. 그들은 10명의 친구들에게 보낼 수도 있고요, 20명에게 보낼 수도 있죠. 우리는 현재 1천5백만 명의 멤버를 갖고 있습니다."

· · ·

"불경기가 길트에게 호재로 작용한다는 이야기는 맞습니다. 우리에겐 어떤 면에서 도움이 됩니다. 왜냐하면 사람들은 밖에 나가서 백화점에 가는 걸 걱정하거든요. 그리고 럭셔리브랜드 가방을 들고 걸어 나오는 거나 쇼핑을 하기 위해 많은 돈을 쓰는 걸 불편하게 느끼고 있거든요."

· · ·

"나는 시간이 말해줄 것이라고 생각해요. 어떤 변화의 단계가 생길 거예요. 그건 각 세대 사이의 일이기도 하는데요, 젊은 소비자들은 온라인 쇼핑을 하는데 전혀 어려움이 없거든요."

TIME

우리의 노력으로 해결되지 않는 일들이 있다. 그건 바로 시간(TIME)이다.

시간은 우리가 원한다고 해서 빨리 흐르지도 않고, 우리가 원한다고 해서 느리게 흐르지도 않는다. 시간은 애초에 하나님께서 지정하신 대로 오랜 역사를 거쳐 오는 내내 그 속도를 지키고 있다.

시간이란 역사로 비유되기도 한다.

시간이란 큰 틀 속에서 사람들이 태어나고, 생활하며 또 다시 죽음을 맞이하기 때문이다. 시간은 애초부터 있었지만, 사람은 시간 속으로 잠시 들어왔다가 다시 나가는 존재이다.

그래서 사람들은 시간과 경쟁한다.

아주 오래 전 옛날엔 서울과 부산을 오갈 때 꼬박 몇 달씩 걸리기도 했다. 산길을 걷고 또 걸어서 서울에 와서 시험(과거)을 보기도 하고, 장사를 하러 배를 타고 먼 나라로 떠나기도 했다.

이 모든 과정이 시간과의 경쟁, 시간과의 싸움에서 이기기 위한 결론을 만들어왔다. 서울과 부산을 오가는 시간을 줄이고자 고속도로를 만들고, KTX를 만들었다. 예전엔 몇 개월 걸리던 시간이 이제 서울과 부산을 3시간이면 도착할 수 있다. 인간의 기술력이 시간의 문제를 점차 해결하는 형국이다.

그러나 사람들이 시간을 이기기 위해 엄청난 속도를 자랑하는 기기를 만들어 사용한다고 해도 한 가지 사실만은 부정할 수 없고 극복할 수가 없다.

그건 바로 시간이 존재한다는 사실이다.

아주 오래 전 과거로부터 아주 먼 미래까지 존재할 시간이다. 그래서 사람들은 시간과의 경쟁에서 시간을 이길 수 없다. 시간을 줄이면 줄일수록 사람들은 시간이라는 큰 존재를 깨닫게 되는 것이다.

여러분의 삶과 비즈니스 현장에서도 시간과의 경쟁은 빈번하게 발생한다. 업무 효율성을 높이고자 화상회의 시스템이 나오고, 업무속도를 높이고자 이메일과 인터넷을 사용한다. 인간이 저지르는 시간과의 경쟁이 지금도 계속 이어지는 중이다.

배 타고 가던 곳을 비행기 타고 가고, 지구 대기권 밖 우주 속으로 가던 기술을 발전시켜서 화성에서 정착할 사람들을 모집하기도 한다. 시간과의 경쟁에서 시간을 벗어날 계획을 세우는 모습이다.

정리해보자. 인간의 비즈니스는 시간과 연관된 것이 많다. 거래처를 만나러 간다고 생각해보자. 이동수단으로써 택시, 버스, 지하철, 자전거를 이용할 수 있는데, 이는 걷는 시간보다 빨리 움직이려는 경쟁의 산물이다. 야간에 업무를 볼 때는 전등을 켜고 불을 밝히며, 전원을 켜고 컴퓨터를 사용한다. 책을 보기 위해 불을 지펴서 주변을 밝히던 세상과 비교하자면 엄청난 시간절약이 이뤄진 시대이다.

그래서 비즈니스를 할 때 인간의 힘으로, 우리의 계산과 우리의 힘으로 해결 안 되는 것들이 많다. MBA를 받고 비즈니스 분야에서 큰 돈을 번 사람들은 많다.

그러나 비즈니스 자체를 사람의 힘으로 하려던 사람보다는 비즈니스 그 자체가 흐르는 흐름을 살펴보다가 적기에 뛰어들어 돈을 번 사람들이 대부분이다. 시간의 흐름에 역행하는 게 아니라 시간의 흐름에 순응하면서 얻은 부산물이 큰돈이란 뜻이다.

여러분의 오늘 하루는 어떠한가?
마음에 다짐한 이루려는 목표가 있어서 하루라도 빨리 이루기 위해 매진하는 중인가? 더욱 노력하면 노력할수록 한시라도 빨리 목표를 이루고 싶은데 마음대로 안 되는가? 마음대로 안 된다고 기죽을 필요는 없다.

시간이 말해 줄 것이다.
아주 오래 전부터 흐르던 시간은 여러분의 마음에 관심이 없다.
정해진 길을 따라서 정해진 순서대로 모든 일을 흘려보낼 뿐이다.
여러분은 그 흐름을 보다가 시간에 뛰어들어 재빨리 가져오기만 하면 된다.

시간이 해결해준다.
목표에 빨리 다가서고자 욕심을 부려도 소용없다는 뜻이다.

· · ·

"그리고 온라인쇼핑에 대해서도 매우 긍정적이에요. 당신이 우리 사이트를 본다면 우리가 모든 의류 아이템을 모델에 착용해서 사진 찍고, 사람들은 옷을 입었을 때 어떤 스타일링이 되는지 알 수 있다는 거죠. 온라인쇼핑은 믿을 수 없을 정도로 편리해요. 우리는 매일 정오에 세일도 해요. 그래서 사람들은 5~10분 정도는 일을 멈추고 세일에 참여할 수 있어요. 시간은 많이 필요 없어요. 클릭 두 번에 상품 상세페이지를 보고, 클릭 두 번에 쇼핑을 할 수 있죠. 실제로 정말 빠른 사람은 로그인부터 결제까지 9초면 충분해요."

수전은 인터넷쇼핑몰 사업을 통해 성공한 여성이다. 사람들이 변하는 흐름을 보고 앞으로 인터넷쇼핑몰을 통해 많은 사람들이 물건을 살 것이라는 점을 간파, 인터넷쇼핑몰 사업으로 큰 성공을 일구고 있다.

성공하는 사람은 외롭다. 주변 사람들이 쫓아가는 분위기가 있을지라도 자기 자신 판단을 바탕으로 기다려야 한다. 시간의 흐름에 제 때 올라타지 못하면 뒤처지는 일 뿐이지만, 그렇다고 해도 섣부르게 시간을 착각하지 않는다. 수전은 적기에 시간에 올라탄 여성이다. 수전의 성공 시간은 아직도 진행 중이다.

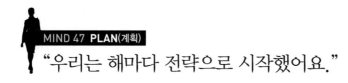

"우리는 해마다 전략으로 시작했어요."

수전 데커(Decker, Susan)

1962년생인 데커는 제리양의 사임 이후 회사의 운영을 리드하며 2007년, 2008년 야후 대표이사로 근무했다. 그에 앞서 데커는 2000년부터 2007년까지 야후의 행정 및 최고재무책임자 등으로 근무했다.

CFO로 근무하는 동안 데커는 재무, 법무, 인적관리, 시설, 투자관리 등에 관한 업무를 경험했으며, CEO로 임명받기 전인 2006년과 2007년에는 광고출판그룹 수석 부사장을 지냈다. 야후에 합류하기 전에 데커는 14년 동안 도널드슨, 러프킨 앤 젠레트(DLJ)에 근무했다.

데커는 버크셔 해셔웨이 이사회, 인텔, 코스트코, 리갈줌 이사회에서 활동했으며, 2004년부터 2006년 5월까지는 픽사애니메이션스튜디오 이사회에서 근무했다. 2009년 가을 데커는 하버드 비즈니스 스쿨에 입학했으며, 2010년 9월 30일, 동문공로상을 받았다.

데커는 터프츠대학에서 컴퓨터공학과 경제학 학사 학위를 취득했고, 하버드 비즈니스 스쿨에서 MBA를 취득했다. 데커는 또한 CFA이기도 하다.

· · ·

"우리는 인터넷에 광고를 어떻게 하는지 배우게 된 진짜 재미있던 시간이라고 생각합니다. 그로부터 5년 후 우리의 혁신업무의 대부분은 검색이었어요. 디스플레이는 광고에서 전성시대를 가졌다고 보는 거죠."

· · ·

"우리는 해마다 새로운 전략으로 시작했어요."

MIND 47 **PLAN**

전략이란 미래를 설계하는 필수적인 도구이다. 미래와의 싸움에서 이기기 위한 계획이다. 전략이 없으면 우리 앞에 닥치는 각 종 어려움과 위기 앞에서 대응방향을 세우기 어렵게 된다. 전략이란 일반적으로 사업전략을 말하는데, 앞에 놓일 여러 상황을 예측하고 그에 대한 대응책을 만드는, 다시 말해서 미래에 올 위기를 극복하기 위해 준비하는 비상식량과 같다.

계획이 없다면 사람은 매순간 자신의 앞에 주어지는 일을 하면서 지낸다.
일을 어떻게 하겠다는 방법을 세울 순 있지만 이건 계획이 아니다.
농사를 지을 때 농기구를 가져가는 것을 계획이라고 하진 않는 것과 같다.

계획이 없다면 앞에 닥치는 일만 집중해서 그때그때 풀어가게 되는데,
이 경우 짧은 자신의 인생을 어느 순간 되돌아봤을 때 훌쩍 늙어버린 자신을 보게 된다. 눈앞에 닥친 일만 처리하느라 미래의 가치를 볼 수 없었기 때문이다.

계획은 1년 단위, 10년 단위, 그리고 매일, 매주, 매월 단위로도 준비할 수 있다. 계획을 세우면 가장 먼저 그 사람의 말과 행동이 달라진다. 자신의 계획을 이루기 위한다면 그 사람의 현재가 달라져야 한다는 걸 알기 때문이다.

계획은 미래의 목표를 세우고 그에 따라서 준비해나가는 과정인데, 반드시 현실을 포함해야 하기 때문이다.

여러분의 계획은 어떤가?
여러분의 미래를 준비하면서 오늘 어떻게 살아야 하는지 깨닫게 된다.
여러분의 오늘이 마음에 들지 않는다면 여러분의 미래계획에, 미래를 대하는 전략에 문제가 있는 것이다. 오늘 자신의 생활을 지켜보고 미래 전략을 세워보자. 여러분의 오늘 하루하루가 달라진다.

$\bullet \ \bullet \ \bullet$

"우리가 다음 세대에 제공하려는 것은 그들의 광고 매니지먼트 시스템이 되고자 하는 것입니다."

$\bullet \ \bullet \ \bullet$

"나는 당신이 핵심을 찔렀다고 생각합니다."

$\bullet \ \bullet \ \bullet$

"당신은 여기 우리 이사회의 목표를 알고 있습니다. 그것은 주주들의 이익을 극대화하는 것입니다."

． ． ．

"어떤 가치를 성취할 수 있는지에 대한 토론이 있었어요."

데커는 인터넷기업의 수장으로 올라서면서 글로벌 인터넷광고 분야의 성공 여성으로 자리매김을 한다. 매해 새로운 트렌드에 맞춰 새로운 전략을 세우고, 가치에 대한 토론을 즐기며 상대방의 의견이 핵심을 가리키는가 집중한다.

데커는 다른 사람의 의견을 중시하고 핵심에 집중하는 습관으로 성공의 자리에 올랐으며, 기업 경영의 최고책임자 위치에서 매년 새로운 전략으로 새로워진 트렌드에 맞춰 기업에게 새로운 옷을 입혀갔다.

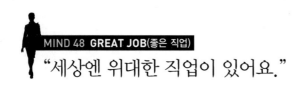

"세상엔 위대한 직업이 있어요."

앤 스위니(Sweeney, Anne)

1958년 11월생인 스위니는 디즈니 미디어 네트워크의 공동 의장이며 디즈니 ABC텔레비전의 대표이다.

스위니는 헐리웃리포터지가 선정한 '엔터테인먼트 분야에서 가장 힘 있는 여성'으로 선정되었고, 포춘지가 선정한 '비즈니스 분야 가장 힘 있는 여성 50인'에 이름을 올렸다. 포브스지가 선정한 '세계에서 가장 힘 있는 여성 100인'에 포함되었다.

스위니는 뉴욕 킹스턴에서 태어나 뉴로첼컬리지를 졸업하고 하버드 대학을 졸업했으며 경영관리학 학사 및 석사 학위를 취득했다.

• • •

"글쎄요. 나는 하버드대학교에 몇 가지 이유가 있어서 입학했습니다. 제가 뉴로첼컬리지에 다닐 때 아이들과 텔레비전에 흥미가 생겼거든요."

• • •

"내가 부모님에게, 부모님이 하시는 말씀 중에, '아냐, 아냐. 네 공포를 극복하렴. 넌 할 수 있어!'라는 게 너무 겁난다고 했거든요. 왜냐하면 가족이라서 해주는 말이지만 부담이 되니까요. 그러자 부모님은 말씀하셨죠. '하나님께 감사드리자. 이제 네가 알았구나. 네가 하고 싶어 하는 일은 무엇이니?'"

· · ·

"나는 세상에 어떤 위대한 직업도 없다고 생각하지 않아요."

MIND 48 **GREAT JOB**

직업에 귀천은 없다. 어떤 직업도 소중하다는 뜻이다.

그러나 직업에 좋고 나쁨을 구분하는 경우가 있는데, 그 근거는 자신의 적성에 맞느냐 아니면 맞지 않느냐에 따라 다르다. 내 적성에 맞고 내가 가치를 느끼는 직업이라면 내게 더없이 좋은, 위대한 직업이 된다.

그러나 내가 하는 일을 남들에게 말하기 어렵고, 나 스스로조차 마음에 안들어 하는 직업이라면 그건 좋은 직업이 아니다.

직업 입장에서 자신의 일을 하는 사람도 좋은 사람이 아니듯이 말이다.
직업과 사람은 서로 같아야 한다. 그래야 좋은 직업, 좋은 사람의 일이 된다.

여러분의 직업은 무엇인가?
아이를 좋아하는 사람은 유아교육과에 들어가서 어린이집에 다닌다. 그 사람에겐 더없이 좋은 직업이다.
기계를 좋아하는 사람은 기계공학과에서 기계를 배우고, 사회에 나와서 기계를 만드는 일에 종사한다. 이 사람에게도 더없이 좋은 직업이다.

그런데 만약 기계를 좋아하는 사람이 유아교육과에 들어갔다고 생각해보자. 기계를 만지고, 조립하고 새로운 기능을 구상하는 일이 즐거운 사람에게 아이들과 놀아주고, 아이들의 이야기에 귀를 기울이는 일을 하라고 한다면 그 사람은 그 일에서 빠져나오려고 노력할 것이다.

사람은 저마다 자기 적성에 맞는, 자기가 가치를 느끼는 직업에 몸을 담가야 한다. 그 직업이 자신에게 위대한 직업이 된다.

지금 직장에서 일을 하는 스스로에게 묻자.

"넌 행복하니?"
"10년 뒤에도 그 일을 하고 싶니?"

이 질문에 YES라고 대답하는 사람은 위대한 직업을 가진 행운아이다.
그렇지 않다면 지금 당장 직업을 바꿀 고민을 하자. 여러분 스스로 가치를 갖는 일에 집중하자.
그게 직업이다.

· · ·

"우리는 우리가 모르는 것을 몰라요. 우리는 단지 다른 사람이 다 한 일이지만, 우리가 그걸 원하지 않는다는 걸 알아요."

· · ·

"나는 내가 일하는데 매우 운이 좋았다고 생각해요. 매우 재능이 뛰어난 사람이라서가 아니라, 다양한 회사에서 일해 본 경험을 가져서 운이 좋다고 생각해요."

· · ·

"나는 매우 운이 좋다고 느껴요. 그동안 너무 운이 좋았죠. 내가 그걸 봤을 때도 몰랐어요. 단지 내가 정말 창의적인 회사에서 좋은 직업을 가졌구나라고 생각했어요. 직업이 어디로 향할지 몰라요. 직업이 지속될지도 알 수 없어요. 그러나, 난 내게 새로운 하루하루를 주는 직업에게 감사해요."

스위니는 자신의 직업을 잘 만난 행운을 가진 여성이다. 그리고 자신의 직업 분야에서 최고의 위치에 오르며 성공 여성의 명단에 이름을 올렸다. 자신이 성공하기 위해 노력한 것이 아니라, 좋아하는 일을 하다 보니 열심히 하게 되었고, 열심히 하다 보니 성공의 위치에 오른 것이다.

위대한 직업이란 내게 맞는, 내가 푹 빠질 수 있는 열정을 사용할 직업이다. 위대한 직업을 만나면 내 일생이 달라진다. 직업에 일에 충실하다 보면 어느새 내가 성공의 자리에 올라선 모습을 보게 될 것이다.

성공을 위해 노력하는 게 아니다. 내가 좋아하는 일에 최선을 다할 뿐이다. 그게 가치 있는 일이다.

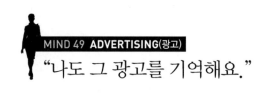

"나도 그 광고를 기억해요."

리즈 벤주라(Vanzura, Liz)

리즈는 제너럴모터즈 캐딜락의 글로벌마케팅 디렉터이다. 2006년 11월 GM의 리즈는 월스트리트저널이 선정한 '주목해야할 여성'에 선정되었는데, 자동차 업계에서 오직 유일한 여성으로 월스트리트저널의 주목해야할 여성 50인에 이름을 올렸다.

리즈의 업무는 전 세계 캐딜락 자동차를 위한 브랜드 포지셔닝뿐 아니라 캐딜락에 연관된 마케팅 전략을 개발, 집행하는 것이다. 캐딜락을 담당하기 전 리즈는 험머 자동차의 글로벌마케팅 디렉터였고, 미국 폭스바겐의 마케팅 담당이었다.

• • •

"사람들은 여전히 내게 말해요. '나도 그 광고를 기억해요'라고요."

MIND 49   ADVERTISING

광고는 기업이 소비자와 소통하는 가장 효과적인 수단이다.

기업은 소비자와 1:1 만남을 할 기회가 거의 없으므로 소비자와 소통하기 위해 광고라는 매체를 적극 활용한다. 그래서 인구가 늘어나면서 기업도 늘어나고 경기가 살아날수록 광고시장도 더욱 커진다.

기업의 한 편의 광고는 사람들의 소비 형태를 바꾼다.

사람들은 광고에 의해 영향 받고, 광고에 의해 정보를 얻는다.

사람들은 광고를 믿으며 상품을 구입하고, 광고를 통해 기업의 이미지를 기억하게 된다.

기업의 광고가 개인에겐 홍보로 비유된다.

개인의 홍보는 프로필을 통해 1차 보이고, 2차는 실제 미팅을 통해 형성된다. 개인의 홍보는 입사테스트에서 이력서를 통해 결정되어 면접에서 완성된다.

기업의 광고는 다수의 소비자를 대상으로 실행되지만, 개인의 홍보는 소수의, 심지어 1인 앞에서 1:1로 진행되는 경우도 있다.

그러나 기업의 광고나 개인의 홍보 두 가지 모두 '이미지 노출'이란 목적이 같다.

여러분의 업무, 여러분의 능력도 마찬가지이다.

스펙(SPEC) 시대라고 말하며 개인의 졸업장과 학위 늘리기에 나선 사람들이 많다. 나이 서른 살 넘어서 다시 대학교에 들어가는 사람들도 늘어나고, 외국 유학을 계획하고 실행에 옮기는 사람들도 많아졌다.

이들이 말하는 주된 요인은 승진을 위해, 좋은 회사에 취업하기 위한 것으로 나뉘는데, 사실 알고 보면 좋은 회사를 들어가거나 승진하기 위해 학위 졸업장이 필요한 경우는 거의 없다는 게 문제다.

차라리 현장에서 어느 회사라도 내 분야에 맞는 회사에 취업해서 경력자가 되고, 경력을 통해 능력을 선보이면 승진과 입사의 기회가 더 많고 더 빠르다는 사실을 알아야 한다.

여러분의 광고를 진행할 때, 그 순간적인 이미지 노출만을 생각한다면 덧없이 흐른 일정 시간 후에 여러분은 또 다른 이미지를 만들기 위해 가방을 꾸리는 자신을 발견할 것이다.

이미지는 트렌드와 같아서 계속 변하고 계속 사라졌다가 계속 나타난다.
이미지는 그 모양이 자꾸 바뀌기 때문에 정확한 모양을 갖고 있지 않아서 매우 변덕이 심하다.
변덕스런 이미지 만들기에 여러분의 인생을 낭비하진 말자.
여러분에게 필요한 것은 지금 행동하는 경력이다.
학력이나 이미지 만들기가 아니다.

사람들과 사회는 여러분의 이미지에 감탄하지 않는다.
여러분이 자신의 분야에서 투자한 시간과 노력, 그리고 그 성과물을 보고 감탄하며 갈채를 보낸다. 가방을 꾸리는 여러분의 뒷모습 대신 현장에서 땀 흘리며 노력하는 여러분의 모습을 만들자.

· · ·

"그 당시 자동차 회사가 광고를 기획할 거라고는 전혀 예상치 못한 일이었어요."

· · ·

　"사람들이 더욱 더 이성적이 될수록, 십만 달러가 넘는 상품을 사려는 사람은 아무도 없을 거예요."

　리즈는 자동차 업계의 유일한 여성으로 이름을 날렸다. 글로벌마케팅 담당자로 자동차 광고를 책임지는 자리에 올랐다. 자동차의 이미지를 만들며 전 세계 글로벌 소비자들과 소통하고 회사의 이미지를 알리는데 큰 역할을 담당했다.

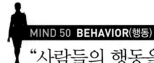
"사람들의 행동을 잘 이해하는 겁니다."

미셸 크리스튤라 그린(Kristula-Green, Michelle)

미셸은 25년 동안 국내 및 다국적 고객을 담당하며 4대륙에서 근무했다. 미셸은 레오버넷 아크월드와이드인 아시아에서 근무하는 동안 13개국, 1400명 직원들과 함께 17개 지사가 있는 아시아에서 20년을 보냈다.

미셸은 자신이 필요하다고 생각하는 리더십 프로그램을 만들었는데 '피라미드 아래로부터의 목소리'가 그것이다. 중국과 인도에서 경험한 것으로, 소득이 낮은 소비자들을 보면서 그들에게 어떻게 최고의 브랜드와 서비스를 제공할 수 있는지에 대한 것이다.

미셸은 레오버넷 아크월드와이드퍼시픽의 대표이사였으며, 비콘커뮤니케이션의 대표이사를 포함하여, 레오버넷타이완의 재무관리자였다. 시카고대학과 버지니아대학을 졸업했다.

• • •

"'휴먼카인드'란 브랜드의 인간 중시를 이해하는 것에 관한 것입니다."

• • •

"'휴먼카인드'와 함께 우리가 진짜 초점을 맞추고 있는 것은 사람은 어떤 존재이며, 왜 사람들이 각 존재에 따라 행동하는지에 대한 진정한 이해와 그에 따른 행동입니다."

MIND 50 BEHAVIOR

성공 여성이 말하는 가장 쉽게 이해하는 마인드는 바로 '행동'이다. 모든 이념에 통달하고 지식을 갖춘 인재라고 해도 '행동'하지 않으면 아무 소용이 없다. [행동]이란 모든 지식과 언변과 모든 수다를 한 번에 정리해주는 단 하나의 진실이다.

우리 주위에 말이 앞서고 행동하지 않는 젊음들이 많다. 머리가 좋아서 지능지수는 높은데, 팔다리에 뇌가 없어서 행동하지 않는 게 아니다. 내 몸에 달린 팔, 다리는 내가 움직이고자 하는 방향으로 움직인다.

때로는 걷고, 때로는 달린다. 걷거나 달리는 것 모두 내 의지에 따라서 결정된다. 그래서 우리에겐 '행동'이 제일 중요하다. [행동]이란 우리가 배운 것, 우리가 알고 있는 것을 실험하는 증명이기도 하다.

100M 앞에 맛있는 음료수가 있다. 가서 음료수를 마시면 건강에 좋고 피로가 가실 것이라고 얘기해줘도 소용없다. 중요한 것은 음료수를 마시러 가는 것이고, 또는 음료수를 가져다주는 것이다.

물에 빠진 사람이 허우적거린다. 수영을 못하는 사람이다.

이럴 때 그 앞에서 수영하는 법을 가르쳐주는 건 필요 없다. 수영하는 법을 가르쳐주는 대신 로프나 튜브라도 던져줘야 한다. 물에 빠진 사람에게 필요한 것은 로프나 밧줄을 던져주는 주위 사람의 행동이다.

여러분의 마음가짐은 어떠한가?

도전하고 꿈을 이루려는데 주위 여건이 마음에 안 드는가? 그래서 움직이지 않는가? 나는 잘 할 수 있는데, 주위에서 돕는 사람이 없는가? 사람들이 나를 몰라주는가?

필요한 것은 [행동]이다. 불평불만이 아니다. 앉아서 손만 뻗치는 게으름이 아니다. 두 다리로 일어서 여러분이 필요한 곳으로 가까이 다가가는 행동이다.

능력있는 도움의 손길들은 항상 바쁘다. 제자리에서 들어오는 도움의 요청들을 해결하기도 바쁜 그들이다. 여러분이 도움을 필요로 한다면 그 도움이 있는 곳으로 다가가기만 하면 된다.

도움의 손길을 필요로 하긴 하지만 움직이지 않고 여러분 자리에서 도움만 기다린다면 영원히 오지 않을 도움은 여러분이 있다는 사실조차 모를 것이다.

도움을 찾는 손길은 많고, 도움은 그들 먼저 도와주고 있기 때문이다.

여러분도 지금 당장 여러분이 필요한 곳으로 가서 도움을 잡자.

그건 바로 [행동]이다.

머뭇거릴 시간이 없다. 지금 당장 달려가자. 도움이 반갑게 맞아줄 것이다.

· · ·

　"'휴먼카인드'는 브랜드와 카테고리에 연관되는 사람들의 행동을 더 잘 이해하는 것입니다. 그러고 나서 그걸 어떻게 바꿀지 계산하는 것입니다."

· · ·

　"마케터의 입장에서 브랜드에 대해 이야기하는 것보다 '휴먼카인드'에 더 핵심인 것은 브랜드의 기능이며, 브랜드의 목표에 집중하는 것입니다."

　미셸은 리더십 프로그램을 만들고, 전 세계를 다니며 현장 근무 경력을 통해 기업 최고경영자 자리에 오른 성공 여성이다. 미셸의 장점은 바로 '행동'이었다. 아시아를 비롯하여 세계 인구의 절반에 달하는 중국과 인도에서 20여 년을 근무했다.

　미셸은 철저한 현장 중심 경험을 통해 행동하는 리더십을 보였다. 많은 지식과 이론은 그저 교과서에서 배운 바탕이었고, 오로지 현장에서 필요한 실무 경험으로 새로운 리더십 프로그램을 세상에 선보였다. 미셸의 성공 리더십은 오늘 우리가 바라보는 지금 이 세상에도 이어지고 있다. 이젠 우리도 행동할 때이다.

아름다운 리더가 되려는
여성을 위한 글로벌 리더십

본 도서는 글로벌 무대에서 세계를 이끄는 여성 리더를 통해 각자의 삶에 꿈을 이뤄주는 안내서가 되자는 사명을 갖고 세상에 선보였다.

좁아진 취업 현장, 시간이 흐를수록 심화되는 경쟁 체제를 갖춘 사회에서 남성과 여성은 동등한 경쟁자인 동시에 공정 경쟁을 펼쳐야 할 사이가 되었다. 이제 자신의 꿈과 목표를 위해서라면 남성과 여성이 최선을 다해 경쟁하고 승리를 해야만 하는 시대라는 뜻이다.

그러나 위에서 밝힌 것처럼 '공정 경쟁'이라고 하는 달콤한 단어를 벗어나 현실에서 살펴보면, 여성으로서 치열한 사회생활을 제대로 이겨내기가 쉽지만은 않다는 걸 알게 된다.

군대를 다녀온 남자들에게 주는 혜택이라는 '군가산점'을 이야기하는 게 아니다. 지나온 세월 동안 지극히 남자 중심적으로 굳어진 사회생활에서 여성들이 진출할 사회적 위치가 그렇게 생각만큼 많지 않다는 점이다.

회사를 들어가더라도 같이 입사한 남자 동기에 비해 승진이 느리거나 급여가 적을 수도 있다. 여자에게는 큰 일을 맡길 수 없다는 뿌리 깊은 사회적 차별이 존재하기 때문이기도 하지만 여성들의 경우 '결혼'과 '육아'라는 사회생활 외적 요소가 존재한다고 생각하기 때문이기도 하다.

많은 여성들이 그들 자신도 알게 모르게 차별받는 사회 구조 속에서 남자보다 적은 임금에, 가정과 회사 업무라는 두 가지 일을 모두 감내해야 하는 어려운 상황 속에 처해있는 것이다.

하지만 누구 하나 여성 편을 들고 제대로 나서는 사람은 보기 드물다는 것 또한 현실이다. 남자와 똑같이 학교 다니고, 같은 교육을 받지만 사회에 나오면 남성과 여성이라는 차이점 때문에 알고도 참아야 한다는 차별이 존재한다면 어떻게 하든 해결해야할 노력을 하는 게 옳지 않을까?

그래서 본 도서는 글로벌 무대에서 스스로 도전하여 성공한 위치에 당당히 오른 여성들을 통해 세상의 모든 여성들에게 꿈을 이루기 위한 가장 중요한 성공 포인트를 제시하고 있다.

"내 마음에 가장 강하게 와 닿는 일을 합니다."라고 밝힌 멜린다 게이츠의 이야기뿐만 아니라 "일을 할 때는 항상 어려움이 있습니다. 그러나 이 길은 우리가 지나가야 하는 길입니다. 지금 우리가 할 일입니다."라고 말하는 패트리샤 루쏘도 있다.

이 외에도 세계의 글로벌 여성 리더 가운데 50명을 선정하여 그녀들만의 인생을 살펴보고, 세상의 모든 여성들을 위한 꿈을 이뤄주는 안내자로서 소임을 다하고자 하는 것이다.

'세계를 움직이는 아름다운 리더들의 꿈을 이루기 위한 노력으로 가장 중요한 것은 여성 자신의 마음가짐 '마인드'라고 정의하는데, 영어단어 '마인드(mind)'는 사고방식, 의견, 마음, 정신 등의 의미를 갖는다.

본문에 소개된 여성 리더들의 삶과 그녀들이 겪은 시간을 되짚어본 결과 어떠한 상황에서도 포기하지 않은 '마인드'를 통해 노력을 멈추지 않았고, 위기가 오면 위기에 맞는 마인드로, 좋은 기회가 오면 좋은 기회를 반드시 잡겠다는 마인드로 행동한 사실을 알 수 있기 때문이다.

그녀들만의 이와 같은 긍정적인 '마인드'야말로 세계 무대에서 아름다운 리더로 자리매김할 수 있도록 돕는데 큰 역할을 담당했으며, 간혹 실수하거나 착오가 생겼을 때라도 자신을 바로 잡을 수 있도록 돕는 역할까지 해냈던 것이다.

예를 들어, 배를 타고 항해를 떠난 여성들은 배보다 높은 파도를 만나면 가까운 항구로 돌아가거나 배를 멈출 생각까지 하게 되는데, 글로벌 여성 리더들의 경우 배보다 높은 파도를 만나더라도 돌아가거나 멈추겠다는 생각보다는 '파도 타기'를 하겠다는 마인드로 도전했다는 사실이다.

똑같이 힘든 위치와 어려운 상황에 처하더라도 각자가 갖는 '마인드'의 차이에 따라서 서로 전혀 다른 결과를 만드는 것에 비추어 볼 때, '마인드'

야말로 우리 인생의 방향 설정과 목표지점에 도달하기까지 가장 중요한 역할을 해낸다는 사실을 알게 된다.

자신의 인생을 개척하며 부닥치는 온갖 어려운 상황에 처하더라도 아름다운 리더들은 절대 뒤로 물러서거나 항복하지 않았다. 오히려 '난 해낼 수 있다'며 스스로에게 용기를 주고 자기 자신을 믿으며 도전한 결과 그녀들이 원하는 목표를 쟁취할 수 있었다는 사실이다.

지금 이 순간도 많은 여성들은 '할까 말까'를 결정해야하는 선택에서 망설이고 있는 경우가 많다. 그러나, 망설이다 보면 좋은 기회는 바람과 같이 자나가 버리고, 결국 내게 남는 것은 쓸모없는 선택뿐일 때가 많은가?

내가 과연 할 수 있겠어?
난 여자인데, 어림도 없을 거야.
남자랑 경쟁해서 어떻게 이겨?
내가 넘기엔 너무 힘든 장애물이야. 그만둘까?

지나간 시간은 되돌아오지 않는다. 유행가 가사는 줄줄 외우며, 항상 새로운 노랫말까지 쉽게 외우면서도 언젠가 한 번쯤 불러보거나 들어봤음직한 말 가운데 "그때 그걸 했더라면"이란 후회 섞인 푸념으로 자꾸 옛날 이야기만 반복하는 여성들이 많다.

이제부터라도 여성 스스로가 '마인드'를 갖추고 자신 앞에 펼쳐진 모든 상황에 대해 쉽게 포기하거나 좌절하며 뒷걸음치려는 생각은 버리자. '마인드'를 통해 손을 내밀고, 발을 내딛자. 내 앞에 놓인 길은 내가 걸어야 하고, 내 앞에 길이 없다면 내가 만들면서 나아가야 한다. 내 길에 다른 사람들이 들어오면 그건 내 길이 아니다. 내 길을 누군가 막는다고 해서 왔던 길을 되돌아간다면 그것처럼 어리석고 바보 같은 행동이 없다. 내가 그동안 투자한 시간이 아깝기 때문이다.

그뿐인가? 내가 걸어온 길에서 만났던 장애물을 내가 이겨냈고, 좁은 골목과 비포장도로를 씩씩하게 거쳐 왔던 상황들을 기억하면 안 된다. 모든 상황은 바뀌었다. 내가 걸어온 길이 새로운 길이 되었고, 내 뒤를 따라서 걸어오는 사람들은 되돌아가는 나를 만나면 내가 그들의 장애물이라고 생각해서 나와 경쟁하려고 하기 때문이다.

그렇다. 목표 지점을 바로 앞에 두고 내가 걸음을 되돌리는 순간 그 반대 방향에는 새로운 장애물들이 자리 잡은 채 나를 쓰러뜨리려고 기다릴 게 뻔하다. 내 앞에 나타난 장애물을 보고 겁먹은 나머지 오던 길을 되돌아간다고 한들 더 어려운 상황이 내 길을 막을 것이란 소리이다.

꿈을 정하고 목표를 세웠다면 '마인드'를 갖추고 씩씩하게 걸어 나가자. 눈, 코, 입이 앞에 달린 이유는 항상 앞에서 보고, 숨 쉬고, 말하라는 뜻이다. 우리 몸에서 뒤로 달린 것은 엉덩이 밖에 없다. 앞으로 도전하다가 잠시 쉴 때, 그리고 화장실에 갈 때나 필요한 게 엉덩이이다.

이 글을 읽는 여성들의 앞길에 세계를 움직이는 아름다운 리더들의 인생을 만들어준 단 하나의 멘토 '마인드'가 함께 하기를 바라는 마음이다.

[참고문헌 & 함께 읽으면 도움되는 자료]

https://time.com/6225181/michelle-obama-amal-clooney
-melinda-french-gates-gender-equality/

https://www.gatesfoundation.org/ideas/media-center/press-
releases/2022/10/grand-challenges-annual-meeting-gates
-foundation-promote-locally-led-r-and-d

https://www.gatesfoundation.org/

https://fortune.com/2022/10/03/melinda-french-gates-says-her
-divorce-unbelievably-painful/

https://www.vanityfair.com/style/2022/10/melinda-gates-
pandemic-bill-gates-divorce-working-together-family-fortune
-interview-jeffrey-epstein

https://adage.com/article/ad-age-video/watch-veteran-marketer
-jerri-devard-future-cmo-and-state-dei-progress/2433851

https://corporate.dow.com/en-us/news/press-releases/jerri-
devard-nominated-to-dow-s-board-of-directors.html

https://finance.yahoo.com/news/black-executive-cmo-alliance
-takes-181556710.html

https://www.nytimes.com/2017/11/14/business/food-irene-
rosenfeld-retires-mondelez.html

https://www.ft.com/content/16fc6632-cb22-11e7-ab18
-7a9fb7d6163e

https://fortune.com/modern-board-25/2022/3m/

https://www.nonwovens-industry.com/contents/view_breaking-
news/2021-10-12/pg-elects-mcdonalds-president-ceo-to-
board/

https://www.npr.org/2022/04/19/1093576693/avon-andrea-jung

https://www.grameenamerica.org/andrea-jung

https://www.linkedin.com/in/andrea-jung-442a7b9b

https://www.salesforce.com/company/leadership/bios/bio-kroes/

https://www.weforum.org/agenda/authors/neeliekroes

http://en.euabc.com/word/2040

https://www.merck.com/leadership/patricia-f-russo/

https://www.jpmorganchase.com/news-stories/patricia-russo

https://mondialtech.sched.com/speaker/anne_marie_idrac.1ynhf4y7

https://www.ft.com/stream/9638c69a-746c-46c0-af20-5fb2596675

https://www.robert-schuman.eu/en/doc/ca/anne-marie-idrac.pdf

https://g100network.com/team/deb-henretta

https://www.ssaandco.com/team-member/deb-henretta

https://www.bloomberg.com/profile/person/4442108

https://en.wikipedia.org/wiki/

https://en.wikipedia.org/wiki/Mary_Ma

https://www.fsb-tcfd.org/members/mary-schapiro/

https://www.sec.gov/about/commissioner/schapiro.htm

https://www.forbes.com/profile/mary-schapiro/?sh=49fc9f2c13b4

https://instituteforrealgrowth.com/silvia-lagnado.html

https://www.greenbiz.com/silvia-lagnado

https://www.theofficialboard.com/biography/silvia-lagnado-7eg5e

https://www.pfizer.com/people/leadership/board_of_directors/sus desmond-hellmann-md-mph

https://history.library.ucsf.edu/desmond_hellman.html

https://www.whitehouse.gov/pcast/members/sue-desmond-hellman

https://www.whitehouse.gov/pcast/members/

https://www.forbes.com/profile/cynthia-carroll/?sh=2d5ff83962b6

https://www.forbes.com/

https://hbr.org/2012/06/the-ceo-of-anglo-american-on-getting-serious-about-safety

https://www.forbes.com/profile/angela-ahrendts/?sh=1720f45316d9

https://www.britannica.com/biography/Angela-Ahrendts

https://about.ups.com/ae/en/our-company/leadership/ann-m-livermore.html

https://wallmine.com/people/19576/ann-m-livermore

https://www.prnewswire.com/news-releases/ann-m-livermore-joins-samsaras-board-of-directors-301305577.html

https://www.forbes.com/profile/ellen-kullman/?sh=78f2c44653ad

https://www.goldmansachs.com/about-us/people-and-leadership/leadership/board-of-directors/ellen-j-kullman.html

https://www.weforum.org/people/ellen-kullman

https://wbd.com/leadership/debra-l-lee/

https://www.thehistorymakers.org/biography/debra-lee-1

https://news.marriott.com/leadership/debra-l-lee

https://images.forbes.com/lists/2005/11/3GZL.html

https://www.referenceforbusiness.com/biography/S-Z/Sammons-Mary-F-1946.html

https://www.linkedin.com/in/lauradesmond

https://www.thechicagonetwork.org/members/laura-desmond/

https://www.eaglevistapartners.com/laura-desmond

https://www.janefriedman.com/

https://reedsy.com/jane-friedman

https://ir.iff.com/board-member/christina-gold

https://wallmine.com/people/36112/christina-a-gold

https://www.linkedin.com/in/charlene-begley-a048417b

https://ir.nasdaq.com/nasdaq-board-directors/charlene-begley

https://www.irishamerica.com/honoree/charlene-begley/

https://www.chathamhouse.org/about-us/our-people/clara-furse

https://www.vodafone.com/about-vodafone/who-we-are
/leadership/board-of-directors/dame-clara-furse-dbe

https://www.jnj.com/leadership/anne-m-mulcahy

https://www.cwhf.org/inductees/anne-m-mulcahy

https://www.gsb.stanford.edu/insights/anne-mulcahy-keys
-turnaround-xerox

https://en.wikipedia.org/wiki/Meg_Whitman

https://www.forbes.com/profile/meg-whitman/?sh=5b9cb10f63
cc

https://sec.report/CIK/0001079816

https://www.salt.org/speakers/zoe-cruz

https://en.wikipedia.org/wiki/Zoe_Cruz

"Most Powerful Women". Crain's New York Business.
16 September 2007. Retrieved 12 March 2021.

"The Most Powerful Women in Finance for 2007". American
Banker. 2 October 2007. Retrieved 12 March 2021.

Katie Benner; Eugenia Levenson; Rupali Arora (2007). "The
Power 50". Fortune. Retrieved 12 March 2021.

Sellers, Patricia (2007). "6 CEOs-to-be". Fortune. Retrieved
12 March 2021.

"The 50 Women to Watch 2007". The Wall Street Journal Online
. 19 November 2007. Retrieved 12 March 2021.

"The 100 Most Powerful Women". Forbes.com. August 31, 2006. Retrieved October 20, 2020.

"The 100 Most Powerful Women". Forbes. 26 July 2005. Retrieved 12 March 2021.

"In Line to Lead". The Wall Street Journal. 31 October 2005. Retrieved 12 March 2021.

"FORTUNE's 50 Most Powerful Women in Business 2005". Fortune. 14 November 2005. Retrieved 12 March 2021.

https://www.rothschildandco.com/en/newsroom/press-releases/2022/02/randco-appoints-naina-lal-kidwai-senior-adviser-india/

https://www.holcim.com/who-we-are/leadership/board-of-directors/naina-lal-kidwai

https://www.biocon.com/about-us/board-of-directors-biocon/naina-lal-kidwai/

https://www.forbes.com/profile/ana-patricia-botin/?sh=1c71e48e3d3c

https://www.santanderus.com/team_member/ana-botin

https://en.wikipedia.org/wiki/Maureen_Chiquet

"The Best Advice I Ever Got: Maureen Chiquet, Global CEO, Chanel". HBR.org. November 2008. Retrieved 19 December 2013.

https://www.britannica.com/biography/Marjorie-Scardino

https://www.forbes.com/profile/marjorie-scardino/?sh=35c404ad626c

https://www.britannica.com/biography/Ursula-Burns

https://en.wikipedia.org/wiki/Ursula_Burns

https://www.davispolk.com/lawyers/linda-thomsen

https://www.sec.gov/spotlight/seniors/bios/linda_chatman_thomsen.pdf

https://chambers.com/lawyer/linda-chatman-thomsen-usa-5:688584

https://pharmacy-nutrition.usask.ca/profiles/susan-whiting.php

https://cagh-acsm.org/en/susan-whiting

https://www.womenshistory.org/about-us/our-people/board-officers/susan-whiting

https://www.forbes.com/sites/realspin/2013/11/27/why-do-1-4-million-americans-work-at-walmart-with-many-more-trying-to/?sh=1f691d36e599

https://www.legacy.com/us/obituaries/name/patricia-forbes-obituary?id=33780684

https://obituaries.bangordailynews.com/obituary/patricia-forbes-1081216128

https://www.thechicagonetwork.org/members/mary-dillon/

https://finance.yahoo.com/news/mary-dillon-named-ceo-foot-131627929.html

https://www.rila.org/about-rila/mary-dillon

https://www.rila.org

https://en.wikipedia.org/wiki/Wei_Christianson

"The Most Powerful Women of Asia-Pacific". Fortune. Retrieved 18 December 2014.

"Women in finance: Wei Sun Christianson". FinanceAsia. Retrieved 14 June 2016.

"Women Fashion Power". Design Museum. Design Museum. Retrieved 19 August 2016.

Durmiak, Michael (1 December 2008). "The Top 25 Nonbank Women in Finance- #8 Wei Sun Christianson". American Banker. American Banker. Retrieved 20 August 2016.

https://www.americanbanker.com/news/13-amy-woods-brinkley

https://www.nytimes.com/2009/06/05/business/05risk.html

https://www.forbes.com/2008/10/13/0929_FLEW072.html?sh=61d
9166466a

https://en.wikipedia.org/wiki/Indra_Nooyi

Clinton, Nooyi, Sonia among "World's Powerful Moms" list". May 1
, 2012. Archived from the original on May 15, 2012.

The 100 Most Powerful Women: #3". Forbes. August 27, 2008.
Retrieved August 27, 2008.

https://www.rfi.ac.uk/people/chair-dr-vivienne-cox/

https://www.gov.uk/government/people/vivienne-cox

https://www.haleon.com/who-we-are/board-of-directors/dame-
vivienne-cox/

https://www.crunchbase.com/person/mary-minnick

https://www.forbes.com/fdc/welcome_mjx.shtml

https://investor.regeneron.com/board-directors/christine-poon

https://theorg.com/org/prudential-financial/org-chart/christine-
a-poon

https://www.businessoffashion.com/community/people/frida-
giannini

https://www.britannica.com/biography/Frida-Giannini

https://www.forbes.com/profile/maha-al-ghunaim/?sh=
7013f4c214f0

https://www.linkedin.com/pulse/maha-k-al-ghunaim-founder-
global-investment-house-nada-alshammari

https://www.amazonswatchmagazine.com/amazons-on-boards/
middle-east-women-doing-it-big-on-boards-maha-al-ghunaim/

https://en.wikipedia.org/wiki/Helene_D._Gayle

Changing the Face of Medicine: Biography of Dr. Helene D. Gayle"
U.S. National Library of Medicine.

"Board of Directors". Coca-Cola. Retrieved January 16, 2014.

"Board of Trustees". Brookings. July 22, 2016. Retrieved
December 20, 2017.

https://www.theory.com/be-heard-susan-lyne.html

https://fortune.com/2016/09/12/susan-lyne-fortune-unfiltered-
builtbygirls/

https://www.crunchbase.com/person/susan-lyne

https://www.forbes.com/profile/susan-lyne/?sh=29077cd42562

https://en.wikipedia.org/wiki/Susan_Decker

Helft, Miguel (2007-07-01). "Can She Turn Yahoo Into, Well,
Google?". The New York Times. Retrieved 2007-07-02.

https://www.forbes.com/profile/anne-
sweeney/?sh=8a93ceb420e5

https://www.influential-women.com/business/anne-sweeney/

https://innerviewgroup.com/team/liz-vanzura/

https://adage.com/article/news/cadillac-marketing-director-
vanzura-leaving-gm/127004

https://anaheim.edu/about-anaheim-university/news/1971-
michelle-kristula-green.html

https://polsky.uchicago.edu/people/michelle-kristula-green-ab-77
am-81/

https://www.mkgmosaic.com/about

여성 글로벌 리더 **50**인의
성공 마인드

여성 글로벌 리더 **50**인의
성공 마인드